Je cuisine Montignac

*Recettes réalisées
avec la collaboration
de Guy Santoro
Chef du Palmyre
Sofitel Méditerranée - Cannes*

Éditions ARTULEN
46, avenue d'Iéna
75116 Paris

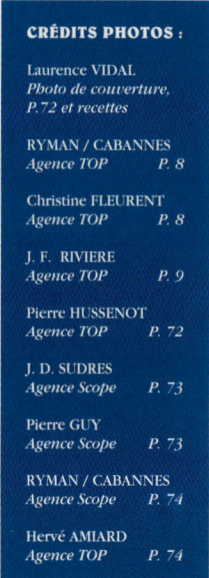

CRÉDITS PHOTOS :

Laurence VIDAL
*Photo de couverture,
P.72 et recettes*

RYMAN / CABANNES
Agence TOP   P. 8

Christine FLEURENT
Agence TOP   P. 8

J. F. RIVIERE
Agence TOP   P. 9

Pierre HUSSENOT
Agence TOP   P. 72

J. D. SUDRES
Agence Scope   P. 73

Pierre GUY
Agence Scope   P. 73

RYMAN / CABANNES
Agence Scope   P. 74

Hervé AMIARD
Agence TOP   P. 74

Copyright Éditions ARTULEN PARIS 1994®.

Tous droits réservés, y compris l'ex-U.R.S.S.

La loi du 11 mars 1957 n'autorisant, aux termes des alinéas 2 et 3 de l'article 41 d'une part, que les « copies ou reproductions strictement réservées à l'usage privé du copiste et non destinées à une utilisation collective » et, d'autre part, que les analyses et courtes citations dans un but d'exemple et d'illustration. « Toute représentation ou reproduction intégrale ou partielle, faite sans le consentement de l'auteur ou de l'éditeur, ou de leur ayants droit ou ayants cause est illicite » (alinéa premier de l'article 40). Cette représentation ou reproduction, par quelque procédé que ce soit, constituerait donc une contrefaçon sanctionnée par les articles 425 et suivants du Code Pénal.

Imprimé en Rep. Tchèque par IMPEX (1-46486775).

ISBN : 2-906236-72-1

Je Cuisine MONTIGNAC

Avant-Propos

Brillat-Savarin se plaisait à dire : "Le plaisir de la table est de tous les âges, de toutes les conditions, de tous les pays et de tous les jours ; il peut s'associer à tous les autres plaisirs et reste le dernier pour nous consoler de leur perte."

Cette raison semble donc à elle seule nécessaire et suffisante pour motiver le soin tout particulier que l'on doit porter à l'élaboration quotidienne de notre alimentation. Manger, ce n'est pas seulement se nourrir, c'est aussi se faire plaisir.
Mais, c'est surtout fournir à notre organisme la totalité des nutriments dont il a besoin pour s'épanouir et se maintenir au mieux de sa forme.

Que ce soit pour composer des menus alléchants et fantaisistes pour les enfants, ou pour élaborer des repas de fête aux noms mystérieux et enchanteurs, la saveur authentique ne doit jamais être oubliée. Que l'on souhaite préparer en moins de temps qu'il n'en faut pour le dire des salades impromptues à déguster seul ou entre amis, l'aspect nutritif ne doit jamais être négligé. L'heure n'est plus à sacrifier la qualité au profit d'un obscurantisme culinaire qui n'a désormais plus lieu d'être.
Pas plus d'ailleurs qu'elle n'est à celui d'une pseudo-diététique rétrograde et dévastatrice, ni même à celui du sacro-saint gain de temps.

De la cuisine, il en est comme de toute chose : si simple que soit celle que l'on veut réaliser, cette simplicité ne doit en aucun cas exclure la qualité ou le bon sens.

Après **Recettes et Menus Montignac**, *voici* **Je cuisine Montignac**. *Dans ce petit livre, vous trouverez tous les conseils pour tirer le meilleur parti d'une cuisine gastronomique hors pair.*

Cet ouvrage, ainsi que ceux à venir, apportera une pierre de plus à l'édifice de cette philosophie alimentaire à laquelle nous œuvrons depuis des années et qui commence désormais à avoir droit de cité : la gastronomie nutritionnelle.

Je vous souhaite un bon appétit !

Michel Montignac

Idées Menus... Idées Menus...

Menus rapides

1
- Salade d'épinards et de champignons à la vinaigrette d'orange
- Requin californien
- Jello de fruits rouges à la californienne

2
- Pannequet de saumon fumé au crabe
- Suprême de volaille sur lit d'épinards
- Œufs au lait façon Montignac

3
- Mozzarella aux brocolis et pointes d'asperges
- Œufs brouillés mexicains
- Crème catalane

Menus enfants

1
- Ceasar Salad
- Fried chicken à la mayonnaise de yaourt
- Jello de fruits rouges à la californienne

2
- Salade blue cheese
- Boulettes western à l'oseille
- Cheese cake à la noix de coco et au coulis de chocolat

3
- Salade de légumineuses à l'huile de noix
- Gratinée de poireaux au jambon
- Crème chaude au chocolat et glace à la vanille

MENUS À THÈME

Menu mexicain

Guacamole

•

Chili con carne

•

Crème catalane

Menu californien

Ceasar salad

•

Calmars à l'américaine

•

Cheese cake à la noix de coco et au coulis de chocolat

Idées Menus... Idées Menus...

Menus fêtes

1
- Terrine de foie gras d'oie au naturel
- Magret de canard aux citrons confits
- Soufflé glacé au cointreau

2
- Soufflé au foie gras
- Noix de Saint-Jacques et céleri confit aux truffes
- Millefeuilles au chocolat et à la crème de citron

3
- Gratin d'huîtres chaudes aux lentilles
- Farandole de fruits de mer au chardonnay
- Soufflé glacé à la Marie Brizard

Menus traditions

1
- Flan de roquefort à l'aneth
- Rognons à la bordelaise
- Tarte aux pommes et noisettes

2
- Salade de chou à la truite fumée
- Bœuf en daube
- Poire Belle-Hélène en bavaroise

3
- Timbale de comté au paprika d'oignons
- Poule au pot belle farceuse
- Tarte aux fraises

MENUS À THÈME

Menu pêcheur

Salade de chou à la truite fumée

•

Filets de saint-pierre aux herbes et aux artichauts

•

Terrine de pommes à l'ancienne

Menu provençal

Terrine d'aubergine au fromage de chèvre et coulis de persil

•

Morue mijotée en bohémienne aux saveurs du Midi façon Denise Fabre

•

Délices de pêches au coulis de fruits rouges

Trucs et Conseils

La graisse d'oie et l'huile d'olive

Dans le sud-ouest de la France, où la gastronomie régionale préconise de faire la cuisine presque exclusivement avec de la graisse d'oie, la population détient des records de longévité et d'absence de maladies cardio-vasculaires. Ceci tend à prouver que cette graisse exerce un effet bénéfique sur la santé de ceux qui en consomment.
Si vous devez utiliser un corps gras pour vos cuissons, préférez autant que possible la graisse d'oie ou l'huile d'olive, qui ont les mêmes propriétés de protection contre les maladies cardio-vasculaires.
La graisse d'oie peut s'acheter en supermarché, où elle est présentée en général en boîte de 250 g. Cette graisse n'altère pas le goût de l'aliment.

Le sucre

Le sucre, c'est-à-dire le saccharose, est un véritable poison ; il n'est désormais plus besoin d'en faire la démonstration. C'est pourquoi, il vaut mieux le bannir définitivement de son alimentation. Cependant certaines préparations, et notamment les pâtisseries, nécessitent, d'un point de vue gustatif, l'adjonction de produits sucrés.
Parmi eux, grâce à son faible index glycémique et à son fort pouvoir sucrant, le fructose, sucre naturel d'origine végétale, est le plus recommandé.
Mais, comme le mieux est souvent l'ennemi du bien, il est préférable de ne pas en abuser, mais d'en user avec parcimonie, et seulement lorsque cela s'avère être nécessaire.
Le pouvoir sucrant du fructose étant deux fois plus élevé que celui du sucre blanc, nous vous conseillons de diviser par deux les proportions de sucre qui vous sont proposées dans les recettes traditionnelles.
Le fructose est disponible en boîte de 500 g dans les rayons diététiques des supermarchés ou bien en pharmacie.

La farine blanche

Traditionnellement, les sauces sont réalisées à base d'un roux composé de beurre et de farine blanche. Cette dernière étant fortement déconseillée dans la méthode Montignac, il convient de l'exclure de manière catégorique.
Pour obtenir une sauce onctueuse et légère, il suffit simplement d'opter pour la solution du déglaçage des sucs de cuisson, auquel on ajoute un peu de crème fraîche allégée ou du fromage blanc à 0% de matières grasses.
Si vous souhaitez une sauce plus épaisse, le moyen le plus astucieux est de recourir aux champignons de Paris. Il faut pour cela en faire une purée à l'aide d'un mixeur et y ajouter la préparation précédente. Cet aliment, riche en fibres, est d'ailleurs d'une teneur vitaminique exceptionnelle.
Il est souhaitable d'utiliser à cette occasion des champignons de Paris cuits (en boîte). Voir la recette *Farandole de fruits de mer au chardonnay (P. 33)*.

Champignons Farcis aux Cèpes

- 8 gros champignons de Paris
- 100 g de cèpes
- 30 g de purée de céleri-rave surgelée
- 1 échalote
- 5 cl d'huile d'olive
- sel, poivre du moulin

1/ Oter les têtes des champignons de Paris. Les laver plusieurs fois. Eplucher, laver et tailler les cèpes en morceaux.
2/ Faire sauter les cèpes dans de l'huile d'olive, ajouter l'échalote finement coupée.
3/ Hacher cette préparation. Faire chauffer la purée de céleri et y ajouter les cèpes hachés. Assaisonner de sel et de poivre du moulin.
4/ Faire sauter les têtes des champignons dans de l'huile d'olive et les farcir de la préparation précédente. Servir tiède.

Brochettes de Pétoncles au Lard

- 16 pétoncles
- 60 g de poitrine demi-sel
- 5 cl d'huile d'olive
- sel, poivre

1/ Ouvrir les pétoncles et récupérer la noix. Les laver à l'eau plusieurs fois.
2/ Couper la poitrine en dés. La faire blanchir dans un volume d'eau froide, portée à ébullition pendant quelques minutes.
3/ Embrocher successivement sur des bâtons en bois, un pétoncle, un morceau de poitrine, un pétoncle.
4/ Faire sauter les brochettes dans de l'huile d'olive. Assaisonner et réserver.
5/ Servir tiède.

Foie Gras au Magret Fumé

- 100 g de foie gras
- 8 tranches de magret fumé

1/ Tailler des cubes de foie gras et les envelopper d'une tranche de magret fumé.
2/ Mettre au frais.

Courgettes aux Crevettes Roses

- 1 courgette
- 100 g de crevettes roses saumurées
- 2 cuillères de sauce cocktail (mayonnaise parfumée avec du concentré de tomates)
- thym, laurier

1/ Laver et tailler la courgette en tronçons de 2 cm en conservant la peau. Les creuser à l'aide d'une cuillère à pomme noisette.
2/ Faire cuire les morceaux de courgette pendant 8 à 10 mn dans de l'eau salée, avec le thym et le laurier, de façon à ce qu'ils soient encore craquants. Bien les égoutter.
3/ Egoutter les crevettes roses et les mélanger avec la sauce cocktail pour en garnir les courgettes. Mettre au frais.

Bouche

...nuse-bouche,
...ieusement sur des
...papier dentelle.

...ation : 1h
...n : 30 mn
4 personnes

Radis Fourrés au Fromage Blanc

- 8 gros radis
- 50 g de fromage blanc à 20% de matières grasses
- 1 brin de ciboulette
- sel, poivre

1/ Equeuter et laver les radis en laissant les fanes.
2/ Couper légèrement le fond des radis pour qu'ils ne roulent pas.
3/ Couper les têtes et creuser les socles à l'aide d'une cuillère à pomme noisette.
4/ Assaisonner le fromage blanc de sel, de poivre et de ciboulette.
5/ En farcir les radis et les mettre au frais.

Aumonières de Saumon Fumé au Crabe

- 150 g de saumon fumé
- 80 g de chair de crabe
- 2 cuillères de sauce cocktail (mayonnaise parfumée avec du concentré de tomates)

1/ Couper des carrés de saumon fumé de 5 cm de côté.
2/ Bien égoutter le crabe, l'émietter et le mélanger avec la sauce cocktail.
3/ Disposer une noisette de crabe au centre de chaque carré de saumon. Remonter les bords et fermer l'aumonière à l'aide d'un petit pic.
4/ Mettre au frais.

Tomates Cerises au Thon

- 8 tomates cerises
- 80 g de thon en boîte
- 2 cuillères de mayonnaise
- sel, poivre

1/ Décalotter les tomates cerises. Vider l'intérieur à l'aide d'une cuillère à pomme noisette.
2/ Mélanger le thon, égoutté et émietté, avec la mayonnaise. Assaisonner.
3/ Farcir les tomates cerises et les mettre au frais.

Carpaccio de Bœuf au Fenouil

- 200 g de bœuf cru
- 1 bulbe de fenouil
- 1 brin de basilic
- 5 cl d'huile d'olive
- sel, poivre du moulin

1/ Eplucher le fenouil et diviser les branches constituant le bulbe.
2/ Les tailler en forme d'ovale.
3/ Couper de fines tranches de bœuf, les disposer à l'intérieur des branches, assaisonner de sel et de poivre du moulin.
4/ Hacher le basilic et le mélanger à l'huile d'olive.
5/ Enduire chaque branche à l'aide d'un pinceau trempé dans l'huile d'olive au basilic.

Je Cuisine MONTIGNAC

Soupe de Poisson

Temps de préparation : 45 mn
Temps de cuisson : 40 mn

Ingrédients pour 6 personnes :

- 1,5 kg de poissons de roche frais et préparés
  (vidés et coupés en tronçons) : rascasse, vive, merlan, grondin, congre.
- 1 l de bon vin blanc sec
- 3 oignons
- 1 poireau
- 100 g de céleri rave
- 100 g de navets
- 100 g de fenouil
- 300 g de tomates pelées
- 1 bouquet garni
- 1 dl d'huile d'olive
- 2 cuil. à soupe de concentré de tomates
- 6 gousses d'ail
- safran, sel, poivre, poivre du moulin, gros sel.

Accompagnement : rouille, fromage râpé et crème fraîche, moutarde forte

1/ Dans une grande marmite, faire suer à feu doux les oignons émincés, dans de l'huile d'olive. Ajouter le céleri rave, les navets et le poireau émincés. Faire suer de nouveau quelques minutes.

2/ Ajouter le poisson coupé en tronçons bien égouttés et faire revenir de nouveau quelques minutes.

3/ Ajouter les tomates pelées, le concentré de tomates, les gousses d'ail écrasées, le safran et le bouquet garni. Assaisonner : gros sel et poivre du moulin.

4/ Mouiller avec le vin blanc et deux litres d'eau.

5/ Porter rapidement à ébullition et faire mijoter à feu doux pendant trente à quarante minutes.

6/ Retirer le bouquet garni et les arêtes principales du poisson.

7/ Passer la soupe au moulin à légumes, puis au mixer, afin d'obtenir une purée onctueuse.

8/ Remettre la soupe à bouillir et rectifier l'assaisonnement.

9/ Servir la soupe accompagnée de rouille et de fromage râpé.

Préparation de la rouille :

A une simple mayonnaise, ajouter du concentré de tomates et de l'harissa selon votre goût.

Recette

Crème de Radis Glacée aux Œufs de Saumon

Temps de préparation : 25 mn
Temps de réfrigération : quelques heures

Ingrédients pour 4 personnes :

- 3 bottes de radis
- 200 g de roquefort
- 4 yaourts entiers
- 4 cuil. à soupe de crème fraîche
- 4 cuil. à soupe d'œufs de saumon
- 4 cuil. à soupe d'huile d'olive
- 4 échalotes
- 1 branche d'estragon
- sel de céleri et poivre de Cayenne
- sel et poivre

1/ Couper les deux extrémités des radis (fanes et racines).
Les brosser soigneusement sous l'eau courante, en préservant bien le rouge.
2/ Couper les radis en morceaux et les passer au mixer avec l'huile d'olive
de façon à obtenir une purée onctueuse.
Mixer à nouveau après avoir ajouté le roquefort, préalablement émietté à la fourchette,
les yaourts et la crème fraîche.
Verser dans un récipient, saler, poivrer, ajouter l'estragon et les échalotes très finement coupées
puis un peu de sel de céleri et de poivre de Cayenne.
3/ Placer le recipient au frais pendant quelques heures.
4/ Servez dans une assiette en disposant les œufs de saumon sur la crème de radis.

Guacamole

Temps de préparation : 30 mn

Ingrédients pour 4 personnes :

- 6 avocats bien mûrs
- 4 gousses d'ail émincées
- 1 cuil. à soupe de basilic haché
- le jus d'un demi-citron
- 1 grosse tomate
- 1 laitue
- 1 oignon
- 1 cuil. à soupe de poudre d'amande
- 4 à 5 gouttes de tabasco
- 40 cl de crème fraîche épaisse
- sel, poivre

1/ Peler quatre avocats et les écraser à la fourchette avec le jus de citron, l'ail et le basilic. Saler et poivrer.

2/ Peler les deux autres avocats et les couper en petits dés.

3/ Découper la tomate en petits cubes.

4/ Peler l'oignon et l'émincer finement.

5/ Mélanger la purée d'avocats, les dés d'avocats et de tomates, l'oignon, la poudre d'amande et le tabasco. Ajuster l'assaisonnement.

6/ Disposer l'ensemble dans un saladier, sur un lit de feuilles de salade, en plaçant la crème fraîche au centre.

Suggestion :

Cette préparation peut être accompagnée de crackers intégraux ou encore de légumes crus (chou-fleur, concombre, asperge...).

Recette

Pannequet de Saumon fumé au Crabe

Temps de cuisson : aucun
Temps de préparation : 35 mn

Ingrédients pour 4 personnes :

Sauce cocktail :

- 4 tranches de saumon fumé, tranché main, d'environ 75 g
- 250 g de chair de crabe surgelé
- 1 bouquet d'aneth

- 1 œuf
- 2 cuillères à café de moutarde
- 2 dl d'huile de tournesol
- 1 trait de vinaigre chaud

- 3 cuillères à café de concentré de tomates
- 5 cl de cognac
- sel, poivre

Confection de la sauce cocktail :

1/ Mettre dans un grand bol le jaune d'œuf, la moutarde, le sel, le poivre. Fouetter ce mélange et incorporer progressivement l'huile de tournesol pour avoir une mayonnaise. Ajouter un filet de vinaigre chaud, le concentré de tomates et le cognac. Vérifier l'assaisonnement.

2/ Presser le crabe décongelé afin d'éliminer l'excédent d'eau. L'émietter et ajouter la sauce cocktail, afin d'obtenir un mélange compact, puis l'aneth ciselée. Réserver quelques cuillères de sauce cocktail pour la décoration des assiettes.

Confection des pannequets :

3/ Sur un rectangle de papier film, étaler une tranche de saumon fumé, disposer au centre une grosse cuillère de crabe cocktail. Relever les bords de la tranche de saumon pour fermer le pannequet. Rabattre les quatre coins du papier film, serrer le tout en forme de boule et aplatir légèrement. Recommencer l'opération pour chaque pannequet.

4/ Délayer un peu de sauce cocktail dans de l'eau. Assaisonner si besoin.

5/ Enlever le papier film des pannequets.

6/ Dresser les pannequets au centre des assiettes, placer autour un cordon de sauce cocktail et disposer le restant d'aneth.

Je Cuisine MONTIGNAC

Terrine d'Aubergines au Fromage de Chèvre et au Coulis de Persil

Temps de préparation : 25 mn
Temps de cuisson : 50 mn

Ingrédients pour 6 personnes :

- 2 grosses aubergines
- 3 poivrons rouges
- 150 g d'olives noires dénoyautées
- 200 g de feta
- 4 cuil. à soupe de persil haché frais
- 25 cl de crème liquide
- 1 cuil. à café de moutarde forte
- 1/2 verre d'huile d'olive
- sel, poivre

1/ Couper les aubergines, dans la largeur, en tranches de 1 cm d'épaisseur. Les enduire d'huile d'olive sur les deux faces en les salant très légèrement. Poivrer. Etendre les tranches d'aubergines dans une lèchefrite et enfourner à 180° C (th. 5) pendant 30 mn. Disposer les tranches sur du papier absorbant après cuisson.

2/ Faire griller les poivrons au four. Les ouvrir et en ôter la peau. Les couper en lanières le plus large possible.

3/ Passer les olives au mixeur pour en faire une purée.

4/ Couper la feta en tranches de 0,5 cm d'épaisseur.

5/ Disposer successivement dans une terrine : une couche d'aubergines, une couche de feta, une couche de purée d'olives, une couche de poivrons et ainsi de suite en finissant par une couche d'aubergines.

6/ Mettre la terrine au réfrigérateur pendant 8 h au moins, avec un poids sur le dessus pour maintenir une pression constante.

7/ Avant de servir, faire un coulis avec le persil haché, la crème liquide, la moutarde, le sel et le poivre.

8/ Napper le fond de l'assiette avec le coulis, disposer deux tranches par assiette et décorer avec un peu de persil.

Mozzarella aux Brocolis et Pointes d'Asperges

Temps de préparation : 35 mn
Temps de cuisson : 15 mn

Ingrédients pour 4 personnes :

- 150 g de mozzarella bien égouttée
- 800 g de bouquets de brocolis
- 500 g de pointes d'asperges
- 4 échalotes
- 1 bouquet de persil
- 4 jaunes d'œufs
- 4 cuil. à café de moutarde à l'estragon
- 6 cuil. à soupe d'huile de germe de blé (ou d'huile d'olive)
- 6 cuil. à soupe de graines de lin
- 3 cuil. à soupe de vinaigre
- 5 cl de bouillon de légumes (instantané)
- sel, poivre

1/ Ebouillanter les brocolis pendant deux minutes dans une eau légèrement salée. Les diviser en petits bouquets après les avoir égouttés.
2/ Laver les pointes d'asperges et les faire cuire dans un grand volume d'eau bouillante salée, environ 10 mn.
3/ Couper la mozzarella en tranches épaisses, puis en dés.
4/ Préparer le bouillon de légumes et n'en garder que l'équivalent de trois cuillères à soupe.
5/ Pour faire la sauce : battre les jaunes d'œufs avec la moutarde pour obtenir un mélange crémeux. Ajouter l'huile et le vinaigre, battre de nouveau. Ajouter les trois cuillères à soupe de bouillon, l'échalote coupée finement, les graines de lin et le persil haché. Saler et poivrer.
6/ Dresser les assiettes en disposant harmonieusement les brocolis, les asperges et les dés de mozzarella. Napper avec la sauce.

Terrine de Foie d'Oie au Naturel

Temps de préparation : 20 mn
Temps de cuisson : 10 mn

Ingrédients pour 6 personnes :

- 1 foie gras d'oie de 500 à 600 g
- 5 cl de porto blanc
- 7 g de sel
- 3 g de poivre du moulin
- fleur de sel

1/ Faire dégorger le foie à l'eau froide pendant 2 h.
2/ L'égoutter, séparer les deux lobes, ôter les parties vertes du foie dues au fiel.
3/ Ouvrir les lobes et les dénerver en enlevant les grosses veines.
4/ Assaisonner avec le sel et le poivre et arroser de porto. Laisser macérer pendant 1 h.
5/ Mettre le foie gras d'oie en terrine. L'assaisonner et le presser pour chasser les bulles d'air.
6/ Couvrir la terrine d'un papier d'aluminium.
7/ La mettre à cuire au bain-marie, à 120° C (th. 3/4), pendant 30 mn.
8/ Laisser refroidir la terrine au réfrigérateur en la pressant à l'aide d'un poids.
9/ Laisser reposer au frais pendant trois jours.
10/ Au moment de consommer dégager le foie gras de la terrine.
11/ Utiliser un couteau à lame chaude pour couper les tranches de foie gras, puis les disposer dans les assiettes. Mettre une pincée de fleur de sel sur chaque médaillon.
12/ Servir avec quelques tranches de pain ou de brioche "intégral" grillés.

Recette

Salade de Chou à la Truite Fumée

Temps de préparation : 30 mn

Ingrédients pour 4 personnes :

- 1 beau chou pommelé (rouge ou blanc)
- 300 g de truite fumée coupée en tranches fines
- 250 g de champignons de Paris frais
- 4 cuil. à soupe d'aneth coupé aux ciseaux
- 8 oignons blancs nouveaux
- 4 cuil. à soupe de pignons de pin
- 4 œufs durs

- 1 citron
- Pour la sauce :
- 3 cuil. à café de moutarde forte
- 6 cuil. à soupe d'huile d'olive
- 1 cuil. à soupe de vinaigre balsamique
- 2 cuil. à soupe de vinaigre de vin
- 2 cuil. à soupe de crème fraîche
- sel, poivre

1/ Couper les extrémités des oignons nouveaux et les couper en rondelles, après avoir enleve les éventuelles pelures de surface

2/ Emincer finement ou bien râper à l'aide d'une grosse râpe environ 100 g de choux par personne.

3/ Nettoyer les champignons après en avoir ôté le bout terreux, puis les émincer grossièrement. Les arroser de citron pour éviter qu'ils ne noircissent.

4/ Couper les œufs durs en deux et séparer les jaunes des blancs. Couper séparément les blancs en petits dés et écraser les jaunes à la fourchette pour obtenir un mimosa.

5/ Préparer la sauce avec les ingrédients indiqués, comme pour une vinaigrette.

6/ Disposer le chou dans des assiettes. Répartir harmonieusement et successivement : les champignons, les pignons de pin, les blancs d'œufs et les rondelles d'oignons blancs. Napper de sauce.

7/ Disposer les tranches de truite fumée, coupées en lanières.

8/ Décorer avec de l'aneth et le jaune d'œuf mimosa.

Je Cuisine MONTIGNAC

Recette

Salade Blue Cheese

Temps de préparation : 25 mn

Ingrédients pour 4 personnes :

- une belle salade romaine
- 250 g de roquefort
- 4 cuil. à soupe d'huile d'olive
- 2 cuil. à soupe de vinaigre balsamique
- 1 cuil. à café de moutarde
- 50 g de cerneaux de noix
- poivre

1/ Laver la salade à grande eau, puis l'essorer et réserver les plus belles feuilles.
2/ Emietter la moitié du roquefort et le réserver.
3/ Faire fondre le reste du roquefort au bain-marie ou bien le passer 1 mn au four à micro-ondes.
4/ Préparer une sauce en mélangeant le roquefort fondu, l'huile d'olive, le vinaigre balsamique, la moutarde, le poivre et quelques cerneaux de noix pilés.
5/ Dresser la salade sur chaque assiette. Napper avec la sauce. Saupoudrer de miettes de roquefort et de cerneaux de noix.

Recette

Salade d'Épinards et de Champignons à la Vinaigrette d'Orange

Temps de préparation : 30 mn

Ingrédients pour 4 personnes :

- 1 kg d'épinards bien frais
- 250 g de champignons de Paris frais
- 3 œufs durs
- 4 à 5 cuil. à soupe d'huile d'olive
- le jus d'un citron et demi
- 2 cuil. à café de moutarde forte
- 1 cuil. à café de peau d'orange râpée
- sel, poivre

1/ Laver les feuilles d'épinards à grande eau après les avoir équeutées. Les égoutter et les réserver.

2/ Couper le bout terreux des champignons. Les laver et bien les égoutter, puis les émincer et les arroser avec le jus d'un demi-citron pour éviter qu'ils ne noircissent.

3/ Oter le jaune des œufs durs et les écraser à la fourchette pour faire un mimosa.

4/ Faire la sauce en mélangeant l'huile, le jus de citron restant, la moutarde, le zeste d'orange, le sel et le poivre.

5/ Servir sur de larges assiettes en disposant harmonieusement les épinards et les champignons émincés. Napper avec la sauce et saupoudrer avec les jaunes d'œufs mimosas.

Je Cuisine MONTIGNAC

Salade Gourmande au Foie Gras de Canard et aux Œufs de Caille

Temps de préparation : 30 mn
Temps de cuisson : 15 mm

Ingrédients pour 4 personnes :

- 1 bouquet de mâche
- 1 frisée fine
- 1 scarole
- 1 trévise
- 1 brin de cerfeuil
- 100 g de haricots verts
- 100 g de champignons de Paris
- 1 boîte de 125 g de gésiers confits
- 200 g ou 4 tranches de foie gras cuit
- 12 tranches de magrets fumés
- 4 œufs de caille
- 1 échalote

Pour la vinaigrette :
- 2 dl d'huile d'arachide ou d'huile d'olive
- 1 cuillère à café de moutarde
- 1 cuillère à café de moutarde verte
- 5 cl de vinaigre balsamique
- sel, poivre du moulin

1/ Préparer la salade en effeuillant toutes les variétés et la laisser tremper une demi-heure à l'eau. La laver et l'égoutter.

2/ Equeuter les haricots verts et les faire cuire dans de l'eau salée 10 mn. Les refroidir dans de l'eau glacée pour préserver leur couleur.

3/ Oter le bout terreux des champignons, les laver et les tailler en julienne.

4/ Préparer la vinaigrette avec les ingrédients cités.

5/ Faire sauter les gésiers confits à la poêle pendant quelques minutes.

6/ Faire cuire les œufs de caille au plat.

7/ Assaisonner les haricots verts et la julienne de champignons avec l'échalote émincée.

8/ Assaisonner la salade mélangée.

9/ Dresser un bouquet de salade dans l'assiette, puis disposer les haricots verts et les champignons. Ajouter tout autour les tranches de foie gras, les gésiers confits, les magrets fumés. Mettre de nouveau un petit bouquet de salade, arroser d'un cordon de vinaigrette, et placer les œufs de caille au plat.

Caesar Salad

Temps de préparation : 30 mn
Temps de cuisson : 10 mn

Ingrédients pour 4 personnes :

- 1 belle romaine
- 4 à 5 gousses d'ail émincées
- 10 filets d'anchois finement coupés
- 3 jaunes d'œufs
- le jus d'un demi-citron
- 2 cuil. à soupe de vinaigre balsamique
- 2 cuil. à café de moutarde forte
- 5 cuil. à soupe d'huile d'olive
- 4 tranches de bacon
- 150 g de parmesan râpé
- sel, poivre
- 1 cuil. à café de worcestershire sauce

1/ Laver la salade et l'égoutter. Couper les feuilles en morceaux de 4 cm environ. Garder au frais au moins 1 h avant de servir.

2/ Dans un mixeur, déposer l'ail, les anchois, les jaunes d'œufs, le jus de citron, le vinaigre, la worcestershire sauce et la moutarde. Mixer jusqu'à l'obtention d'un mélange onctueux. Ajouter progressivement l'huile d'olive. La sauce doit être bien crémeuse. Saler, poivrer et garder au froid pendant 2 à 3 h.

3/ Faire revenir le bacon dans une poêle antiadhésive, à feu doux, jusqu'à ce qu'il soit un peu sec. Le laisser refroidir et le passer au mixeur pour le réduire en miettes.

4/ Pour servir, disposer la romaine dans de larges assiettes. Répartir harmonieusement la sauce. Saupoudrer copieusement de parmesan. Terminer en jetant des miettes de bacon.

Salade de Légumineuses à l'Huile de Noix

Temps de préparation : 15 mn
Temps de cuisson : 1 h 30

Ingrédients pour 4 personnes :

- 150 g de haricots blancs
- 150 g de haricots rouges
- 150 g de pois chiches
- 150 g de lentilles
- 1 bouquet garni
- 2 oignons
- huile de noix
- sel et poivre
- quelques feuilles de cœur de laitue pour la décoration
- un bouquet de persil

1/ Faire cuire séparément chaque sorte de légumineuses :
- Haricots : les mettre dans de l'eau froide sans sel.
Porter à ébullition. Retirer du feu, couvrir et attendre une heure.
Ajouter un oignon émincé, du sel, et remettre à cuire à feu doux jusqu'à ce qu'ils soient tendres sous la dent (trente à quarante minutes). Les égoutter.
- Pois chiches : les faire tremper dans de l'eau froide pendant une nuit.
Puis, les faire cuire dans de l'eau salée pendant quarante-cinq minutes.
- Lentilles : trier et laver les lentilles à l'eau froide.
Les faire cuire à petits bouillons pendant 1 h 30 dans de l'eau avec un bouquet garni et un oignon.
Saler légèrement au terme de la cuisson.
Les égoutter.

2/ Préparer une assiette par personne en disposant harmonieusement, sur un lit de laitue, chacune des légumineuses.
Arroser d'un filet d'huile de noix et parsemer de persil haché.

Timbale de Comté au Paprika d'Oignons

Temps de préparation : 30 mn
Temps de cuisson : 25 mn

Ingrédients pour 6 personnes :

- 1/2 litre de lait entier
- 120 g de comté râpé
- 2 œufs entiers
- 4 jaunes d'œufs
- 2 oignons
- 5 cl de vin blanc
- 1 cuillerée à café de vinaigre balsamique
- 30 g de beurre
- 20 cl de crème fraîche allégée
- 2 cuillerées à café de paprika
- sel, poivre, muscade.

---

1) Battre dans un grand bol les jaunes d'œufs et les œufs entiers.

2) Faire bouillir le lait. Dès qu'il commence à monter, réduire le feu et ajouter progressivement le comté râpé sans cesser de remuer. Verser le tout sur les œufs sans cesser de battre. Assaisonner : sel, poivre, muscade.

3) Mouler cette préparation dans des ramequins légèrement beurrés.

4) Mettre à cuire au four, à une température de 150 °C, pendant vingt-cinq minutes.

5) Entre temps faire revenir au beurre les oignons émincés, à feu doux, sans coloration. Ajouter le paprika en remuant, puis le vin blanc et le vinaigre balsamique, laisser cuire jusqu'à réduction complète.

6) Ajouter la crème fraîche, laisser réduire pendant deux minutes et mixer la sauce. Assaisonner : sel, poivre.

7) Pour servir : démouler les ramequins et disposer les timbales sur des assiettes chaudes préalablement nappées de sauce.

Flan de Roquefort à l'Aneth

Temps de préparation : 45 mn
Temps de cuisson : 30 mn

Ingrédients pour 4 personnes :

- 250 g de roquefort
- 8 cuil. à soupe de crème fraîche
- 4 œufs entiers
- 4 jaunes d'œufs
- 5 cuil. à soupe de cresson haché
- 8 cuil. à soupe d'aneth découpé aux ciseaux
- 4 tomates
- quelques feuilles de laitue
- sel et poivre

Pour la sauce :
- 50 g de roquefort
- 2 cuil. à soupe de crème fraîche
- 2 cuil. à café de moutarde forte
- 3 cuil. à soupe d'huile d'olive
- 2 cuil. à soupe de vinaigre de Xérès
- sel et poivre

1/ Mélanger les œufs, les jaunes d'œufs, la crème fraîche et assaisonner de sel et de poivre. Battre au fouet pour obtenir un mélange homogène, ajouter le roquefort mixé et mélanger de nouveau.

2/ Ajouter le cresson et l'aneth.

3/ Mouler dans des ramequins graissés au beurre.

4/ Faire cuire la préparation au bain-marie dans un four moyen, (160 °C - th.5) pendant vingt à vingt-cinq minutes.

5/ Laisser refroidir dix minutes puis démouler en détachant les bords avec la pointe d'un couteau.

6/ Préparer une sauce bien crémeuse avec les ingrédients indiqués, comme pour une vinaigrette.

7/ Mettre les flans dans des assiettes en décorant de tranches de tomates et de feuilles de laitues.

Napper avec la sauce.

Soufflé au Foie Gras

Temps de préparation : 15 mn
Temps de cuisson : 25 mn
Recette fournie par la société Rougié

Ingrédients pour 6 personnes :

- 300 g de foie gras
- 3 œufs
- 3 dl de crème fraîche
- sel et poivre

1/ Passer le foie gras au tamis, le mélanger soigneusement avec les jaunes d'œufs et la crème. Saler et poivrer modérément.

2/ Ajouter les blancs d'œufs battus en neige ferme.

3/ Verser cette préparation dans un moule à soufflé beurré.

4/ Faire cuire le soufflé pendant 25 mn à four chaud (th.7, 220° C).

Recette

Gratin d'Huîtres Chaudes aux Lentilles

Temps de préparation : 30 mn
Temps de cuisson : 1 heure

Ingrédients pour 4 personnes :

- 24 huîtres spéciales n° 2
- 2 échalotes
- 1 oignon
- 200 g de lentilles grises
- 6 jaunes d'œufs
- 50 g de poitrine demi-sel
- 2 dl de crème fleurette
- 1 dl de vin blanc
- 1 trait de vinaigre
- 1 citron
- 40 g de beurre
- 1 bouquet garni
- sel, poivre du moulin, clou de girofle

Cuisson des lentilles

1/ Faire tremper les lentilles pendant 2 h.

2/ Mettre les lentilles dans une casserole d'eau froide. Porter à ébullition et écumer. Ajouter l'oignon piqué d'un clou de girofle, la poitrine demi-sel coupée en dés et le bouquet garni. Laisser cuire à couvert, à petit feu, pendant 40 mn. Vérifier la cuisson et retirer les garnitures.

3/ Egoutter les lentilles et les remettre dans la casserole afin de les assaisonner de sel et de poivre du moulin. Ajouter une noisette de beurre et réserver.

4/ Ouvrir les huîtres, récupérer l'eau, les rincer dans un bol d'eau salée et les sortir de leur coquille.

Confection du sabayon

5/ Dans une casserole, faire réduire le vin blanc, le vinaigre et les échalotes émincées jusqu'à obtenir deux cuillères à soupe de liquide. Retirer du feu.

6/ Au bain-marie, ajouter les jaunes à la préparation précédente et les monter à l'aide d'un fouet jusqu'à l'obtention d'un mélange bien mousseux et onctueux. Incorporer le beurre en pommade, un filet de citron, un peu de jus d'huître. Réserver.

7/ Porter à ébullition l'eau des huîtres récupérée. Faire pocher les huîtres jusqu'à frémissement et les retirer.

8/ Monter la crème fleurette au fouet jusqu'à ce qu'elle soit bien ferme et l'incorporer au sabayon. Assaisonner de sel et de poivre du moulin.

9/ Dans des assiettes creuses, dresser les lentilles en étoile, disposer les huîtres pochées, napper du sabayon. Faire gratiner le tout quelques minutes sous le gril du four.

Recette

Œufs Brouillés Mexicains

Temps de préparation : 30 mn
Temps de cuisson : 15 mn

Ingrédients pour 4 personnes :

- 12 œufs
- 5 tomates
- 1 oignon
- 1 poivron rouge
- 1 cœur de laitue
- 100 g d'olives noires dénoyautées
- 50 g de fromage râpé (gruyère)
- 1 cuil. à soupe de poudre de chili doux
- huile d'olive
- sel, poivre

1/ Préparation de la sauce mexicaine : couper trois tomates en petits dés. Emincer très finement l'oignon. Mettre le tout dans un bol et ajouter la poudre de chili doux. Bien mélanger.

2/ Faire griller le poivron au four pour en ôter la peau. Couper la chair du poivron et les deux tomates restantes en petits dés.

3/ Emincer le cœur de laitue très finement.

4/ Emincer les olives noires.

5/ Casser les œufs dans un saladier. Saler et poivrer. Battre à la fourchette, comme pour une omelette normale. Ajouter la laitue, les olives noires, les tomates et le poivron en dés, le gruyère et la sauce mexicaine. Bien mélanger.

6/ Faire revenir le tout dans une grande sauteuse contenant de l'huile d'olive. Ne pas cesser de remuer avec une spatule en bois, comme pour faire des œufs brouillés, retirer du feu avant la fin de la cuisson et remuer de nouveau.

Je Cuisine MONTIGNAC

Champignons Persillade aux Œufs Brouillés

Temps de préparation : 15 mn
Temps de cuisson : 10 mn

Ingrédients pour 4 personnes :

- 12 œufs
- 800 g de champignons de Paris frais
- 50 g de beurre
- 1 dl d'huile d'olive
- 2 gousses d'ail
- 1 bouquet de persil plat
- sel, poivre

---

1) Couper le bout terreux des champignons et les tailler en quartier, après les avoir lavés plusieurs fois à grande eau pour éliminer le sable. Les égoutter et les sècher.

2) Dans une poêle contenant de l'huile d'olive, les faire revenir à feu vif jusqu'à coloration et réduire le feu. Assaisonner.

3) Hacher l'ail et le persil et les faire revenir à part dans de l'huile d'olive. Les retirer de leur huile avant de les ajouter aux champignons.

4) Dans un saladier, casser les œufs, assaisonner : sel, poivre et battre au fouet.

5) Dans une casserole au bain-marie, faire fondre le beurre, ajouter les œufs battus et les faire cuire en remuant avec une spatule en bois. Arrêter la cuisson des œufs dès obtention d'une consistance crèmeuse.

6) Pour servir : répartir les œufs brouillés dans des assiettes creuses et ajouter les champignons persillés, bien égouttés de leur huile.

7) Décorer avec quelques brins de persil.

Recette

Calmars à l'Américaine

Temps de préparation : 40 mn
Temps de cuisson : 50 mn

Ingrédients pour 4 personnes :

- 500 g d'étrilles
- 1,5 kg de calmars frais (ou 2 kg de calmars surgelés en rondelles)
- 500 g de tomates bien mûres
- 4 échalotes
- 2 gousses d'ail
- 1 bouquet de persil
- 1 bouquet d'estragon
- 1 dl d'huile d'olive
- 5 cl de cognac
- 2 cuil. à soupe de concentré de tomate
- 2 dl de vin blanc sec
- 1 bouquet garni
- sel, poivre de Cayenne

1/ Nettoyer les calmars. Tirer les tentacules et retirer la plume (coquille interne), les retourner délicatement et les laver plusieurs fois pour en extraire le sable. Les tailler en rondelles et les réserver.

2/ Confectionner la sauce américaine : peler, épépiner et écraser les tomates bien mûres, éplucher et hacher les échalotes. Peler et écraser l'ail, effeuiller le bouquet de persil et le bouquet d'estragon.
Faire chauffer 1 dl d'huile d'olive dans une cocotte et placer les étrilles dans l'huile bien chaude. Laisser cuire 4 à 5 mn, puis les concasser à l'aide d'un pilon. Ajouter les échalotes hachées et laisser cuire jusqu'à coloration. Flamber avec le cognac et ajouter les tomates et l'ail écrasés, l'estragon et le persil hachés (conserver un peu d'estragon pour l'assaisonnement final), le bouquet garni et le concentré de tomate.
Mouiller le tout avec le vin blanc sec. Assaisonner de sel et de poivre de Cayenne.
Couvrir et laisser cuire pendant 25 mn.
Passer la sauce au mixeur, puis au chinois, la remettre sur le feu, la porter à ébullition et l'écumer.

3/ Faire suer les calmars dans l'huile d'olive, les égoutter et les ajouter à la sauce américaine.

4/ Terminer la cuisson des calmars pendant 10 mn.

5/ Ajouter le restant d'estragon haché et rectifier l'assaisonnement (le plat doit être bien relevé).

6/ Dresser les calmars dans les assiettes creuses, accompagnés de riz intégral.

Je Cuisine MONTIGNAC

Recette

Noix de Coquilles Saint-Jacques et Céleri confit aux truffes

Temps de préparation : 30 mn
Temps de cuisson : 40 mn

Ingrédients pour 4 personnes :

- 16 pièces de coquilles Saint-Jacques ou 20 noix de Saint-Jacques surgelées
- 1 boule de céleri-rave
- 1 branche de cœur de céleri
- 30 g de truffes en boîte
- 2 échalotes
- 1 dl de Noilly Prat
- 1/4 l de crème fleurette
- 10 cl d'huile d'olive
- sel et poivre du moulin

1/ Ouvrir et décortiquer les coquilles Saint-Jacques. Dégager la noix et le corail, et réserver les barbes.
2/ Oter la poche noire des barbes et rincer abondamment à grande eau, afin d'éliminer le sable. Laver également à grande eau les noix et le corail.
3/ Fendre en deux les noix et les égoutter sur un linge. Les réserver au réfrigérateur.
4/ Eplucher le céleri-rave, le couper en deux et tailler des tranches d'un demi-centimètre, en demi-lune.
5/ Graisser une plaque à rôtir avec de l'huile d'olive. Disposer les tranches de céleri-rave, les tamponner avec de l'huile d'olive, les saler, les poivrer, et les couvrir d'un papier d'aluminium et fermer hermétiquement. Mettre à cuire au four, à 180° C (th. 6), pendant 40 mn afin de les confire.

Confection de la sauce :

6/ Faire suer dans de l'huile d'olive les échalotes et la branche de céleri émincées (garder des feuilles pour la décoration) dans une casserole.
Ajouter les barbes des Saint-Jacques égouttées. Faire suer de nouveau jusqu'à coloration.
Ajouter le Noilly Prat, faire réduire à nouveau aux 3/4.
Ajouter la crème fleurette et laisser épaissir jusqu'à l'obtention d'une crème onctueuse. Assaisonner de sel et de poivre du moulin, et réserver au bain-marie.
7/ Tailler les tranches de céleri confites en triangle et les maintenir au chaud.
8/ Passer les noix de Saint-Jacques dans une poêle anti-adhésive dans de l'huile d'olive, 1 mn sur chaque face.
9/ Ouvrir la boîte de truffes, conserver le jus, et les tailler en fines lanières.
10/ Faire chauffer la sauce, ajouter le jus des truffes et les truffes émincées.
11/ Pour terminer, dresser un dôme de céleri confit au centre des assiettes. Autour, disposer les noix de coquilles Saint-Jacques et un cordon de sauce entre celles-ci, placer ensuite les feuilles de la branche de céleri.

Recette

Farandole de Fruits de Mer au Chardonnay

Temps de préparation : 20 mn
Temps de cuisson : 30 mn

Ingrédients pour 4 personnes :

- 8 langoustines
- 8 coquilles Saint-Jacques
- 1 queue de homard
- 1 sole de 200 g au moins
- 2 oignons
- 3 gousses d'ail
- 1/2 litre de Chardonnay
  (vin blanc californien)
- 3 tomates
- 3 cuil. à café de concentré
  de tomate
- 100 g de champignons de Paris
  en boîte
- 1 verre d'huile d'olive
- piment, bouquet garni, sel et poivre

1/ Décortiquer les queues de langoustines. Réserver les têtes et les pinces. Séparer le corail des noix, dans les coquilles Saint-Jacques. Couper la queue du homard en rondelles et garder la carcasse à part.

2/ Dans une cocotte, verser trois cuillères à soupe d'huile d'olive, faire revenir rapidement les noix des coquilles Saint-Jacques et les morceaux de homard. Les retirer. Faire cuire dans la même huile les queues de langoustines pendant 3 mn et les retirer. Faire sauter les filets de sole coupés en morceaux, les retirer et les réserver.

3/ Dans la même cocotte, ajouter le reste d'huile d'olive et faire revenir les têtes et les pinces de langoustines, ainsi que la carcasse du homard, préalablement cassée en morceaux. Ajouter l'oignon et l'ail émincés (10 mn).

4/ Mouiller avec le vin blanc. Ajouter les tomates coupées en morceaux, et deux à trois cuillières à café de concentré de tomate.

5/ Laisser bouillonner pendant 20 mn, passer, puis presser pour obtenir le jus final. Saler, poivrer, mettre une pointe de piment.

6/ Epaissir la sauce en ajoutant les champignons, après les avoir mixés en purée.

7/ Ajouter les fruits de mer et faire mijoter pendant 1 mn.

8/ Servir le tout dans une assiette creuse, accompagné de la sauce.

Je Cuisine MONTIGNAC

Morue en Brandade de Poireaux

A préparer 24 heures à l'avance
Temps de préparation : 45 mn
Temps de cuisson : 25 mn
Ingrédients pour 6 personnes :

- 1 morue salée de 1,5 kg environ
- 2 kg de blancs de poireaux
- 3 gros oignons
- 500 g de céleri rave
- 1 dl d'huile d'olive
- 4 jaunes d'œuf
- 40 cl de crème fleurette
- 150 g de comté râpé
- sel, poivre

1) Couper la morue en plusieurs morceaux après l'avoir dépouillée de ses arêtes et de sa peau.
2) Mettre les morceaux à dessaler dans l'eau pendant vingt-quatre heures en changeant l'eau toutes les huit heures.
3) Dans une casserole, mettre la morue dans de l'eau froide avec un bouquet garni et porter à ébullition à feu doux, laisser frémir dix à quinze minutes.
4) Egoutter et effeuiller la morue en prenant soin de vérifier qu'il ne reste pas d'arêtes.
5) Travailler la chair de la morue à la spatule en bois et ajouter 1 dl d'huile d'olive.
6) Préalablement, nettoyer les blancs de poireaux et les laver à grande eau afin d'éliminer le sable. Emincer les oignons et le céleri rave. Mettre le tout dans de l'eau bouillante légèrement salée et laisser cuire une demi-heure.
7) Bien égoutter les poireaux, les oignons et le céleri rave.
8) Hacher les légumes au mixer, ajouter les jaunes fouettés dans la crème fleurette. Assaisonner : sel et poivre.
9) Dans un plat à gratin légèrement beurré, étaler un tiers de la purée de légumes, puis la moitié de la morue, à nouveau un tiers de la purée de légumes, l'autre moitié de la morue et pour terminer le dernier tiers de la purée de légumes.
10) Mettre à four chaud 200 °C (th 7) pendant vingt-cinq minutes.
11) Parsemer le comté râpé sur la surface du plat à gratin et remettre sous le grill cinq à dix minutes.
12) Servir la morue en brandade de poireaux bien gratinée.

Recette

Truite Rose aux Galettes d'Oignons

Temps de préparation : 20 mn
Temps de cuisson : 30 mn

Ingrédients pour 4 personnes :

- 4 belles truites bien fraîches
- 2 poireaux
- 10 gousses d'ail
- 1 botte de basilic
- 8 oignons
- 250 g de queues de crevettes congelées, déjà cuites
- 25 cl de crème fraîche
- 4 jaunes d'œufs
- 1 œuf entier
- sel, poivre
- 3 dl d'huile d'olive

1/ Laver et couper les poireaux en rondelles, les faire suer dans de l'huile d'olive pendant quatre à cinq minutes.

2/ Disposer les truites dans des papillottes d'aluminium, les envelopper de poireaux, d'une gousse d'ail chacune et de basilic. Saler, poivrer et ajouter un filet d'huile d'olive. Fermer les papillottes.

3/ Faire cuire au four pendant 30 à 35 minutes à 180 °C (th. 6).

4/ Eplucher les oignons et les mixer pour faire une fine purée. Faire revenir la purée d'oignons à feu très doux, dans une poêle antiadhésive, avec un peu d'huile d'olive, jusqu'à ce qu'elle ait rendu toute son humidité.

5/ Passer les crevettes au mixer après les avoir décongelées.

6/ Mélanger la purée d'oignons, la purée de crevettes, l'œuf entier, deux jaunes d'œufs et la crème fraîche. Saler et poivrer.

7/ Faire des galettes avec cette préparation et les faire frire dans un peu d'huile d'olive dans une poêle antiadhésive.

8/ Préparation de l'ailloli : Piler les six gousses d'ail restantes pour obtenir une purée, ajouter deux jaunes d'œufs et monter le tout petit à petit au mixer avec 2,5 dl d'huile d'olive (comme pour une mayonnaise). L'ailloli doit être consistant et homogène.

9/ Servir les truites saumonées en les accompagnant de galettes d'oignons. Placer l'aioli dans une saucière.

Pavé de Lotte aux Poireaux

Temps de préparation : 35 mn
Temps de cuisson : 15 mn

Ingrédients pour 4 personnes :

- 4 beaux morceaux de lotte parée de 200 g chacun
- 4 beaux poireaux
- 1 verre de vin blanc sec
- 1 dl d'huile d'olive

Pour la sauce :
- 3 échalotes
- 15 cl de vinaigre de cidre
- 4 jaunes d'œufs
- 100 g de crème fraîche allégée
- sel, poivre

---

1) Laver les poireaux, les couper en tronçons de cinq à six centimètres et les tailler très finement dans le sens de la longueur. Rincer à nouveau la julienne de poireaux ainsi obtenue afin d'éliminer le sable.

2) Mettre les morceaux de lotte dans le panier d'une cocotte minute. Assaisonner : sel, poivre. Mouiller avec le vin blanc et faire cuire dix minutes à la vapeur.

3) Préparation de la sauce :
Hacher les échalotes très finement. Les faire suer à l'huile d'olive sans coloration, ajouter le vinaigre de cidre et faire réduire aux 3/4 à feu doux.

4) Dans une casserole, au bain-marie, battre les jaunes d'œufs au fouet avec une cuillerée à soupe d'eau jusqu'à atteindre une consistance crémeuse. Ajouter la crème fraîche et la réduction d'échalotes. Assaisonner : sel, poivre et conserver la sauce au bain-marie.

5) Faire revenir la julienne de poireaux, dans une poêle, à l'huile d'olive. Assaisonner : sel et poivre. Cuire à couvert cinq minutes jusqu'à évaporation de l'eau.

6) Pour servir :
Disposer les tronçons de lotte sur un lit de poireaux et les napper de sauce.

Recette

Lotte Rôtie à la Moutarde et Pois Gourmands

Temps de préparation : 35 mn
Temps de cuisson : 45 mn

Ingrédients pour 4 personnes :

- 4 lottes de 400 g (les faire préparer par votre poissonnier, mais conserver les parures)
- 3 cuillères à soupe de moutarde
- 1 dl d'huile d'olive
- 1/2 botte de radis rouges

- 500 g de pois gourmands
- sel, poivre du moulin

Pour la sauce :
- 1/4 de vin blanc sec
- 2 échalotes

- 1 cuillère à café de moutarde
- 5 cl de crème fleurette
- 1 bouquet garni
- poivre mignonnette
- 5 cl d'huile d'olive

1/ Peler, ébarber, dénerver et parer les lottes. Les réserver au frais et faire dégorger les parures à l'eau courante.

2/ Equeuter les pois gourmands et parer les radis (fanes et racines comprises).

Confection de la sauce

3/ Faire suer les échalotes émincées dans de l'huile d'olive, ajouter les parures des lottes bien égouttées, ainsi que la moutarde et le bouquet garni. Faire suer de nouveau.

4/ Mouiller avec le vin blanc. Faire réduire de moitié et ajouter la crème fleurette. Laisser épaissir jusqu'à l'obtention d'une crème onctueuse. Passer au chinois. Rectifier l'assaisonnement : sel et poivre du moulin.

Cuisson des lottes

5/ Saler les morceaux de lotte et les badigeonner de moutarde à l'aide d'un pinceau.

6/ Faire chauffer une poêle avec de l'huile d'olive, y placer les lottes et les saisir de chaque côté jusqu'à coloration.

7/ Dans un four à 180° C (th.6), les placer sur une plaque, avec leur graisse, pendant 10 mn, pour terminer la cuisson. Les retirer et ôter l'arête centrale.

8/ Faire sauter les pois gourmands à cru dans de l'huile d'olive, jusqu'à coloration. Assaisonner de sel et de poivre du moulin. Etuver les radis, coupés en quatre dans de l'eau salée, légèrement beurrée.

9/ Dresser les morceaux de lotte sur un lit de pois gourmands. Ajouter un cordon de sauce et les radis étuvés.

Recette

Civet de Lotte au Bordeaux

Temps de préparation : 45 mn
Temps de cuisson : 15 mn

Ingrédients pour 6 personnes :

- 2,5 kg de lotte
- 1 poireau
- 2 oignons
- 3 gousses d'ail
- 4 échalotes
- 40 g de beurre
- 1 dl d'huile d'olive
- 3 jaunes d'œufs
- 25 cl de crème fleurette
- 1 litre de bon bordeaux
- 10 cl de cognac
- 2 cuillerées à café de moutarde forte

1) Désosser la lotte en ôtant l'arête centrale ou demander à votre poissonnier de le faire. Garder l'arête pour la préparation du fumet.
2) Préparation du fumet : dans une cocotte, faire suer à l'huile d'olive le poireau et les oignons émincés, les gousses d'ail entières jusqu'à coloration.
3) Ajouter l'arête centrale de la lotte coupée en tronçons. Mouiller avec le vin rouge. Porter à ébullition, écumer et laisser réduire, à découvert, de moitié.
4) Filtrer le bouillon et laisser refroidir.
5) Couper les filets de lotte en médaillons (trois par personne) et bien les égoutter sur du papier absorbant.
6) Assaisonner les médaillons : sel, poivre. Dans une cocotte faire sauter à l'huile d'olive à feu doux les morceaux de lotte pendant cinq minutes. Ils doivent être saisis, mais peu cuits. Flamber au cognac. Débarrasser et les réserver.
7) Dégraisser la cocotte et faire suer les échalotes finement hachées avec la moutarde. Ajouter ensuite 1/4 de litre de fumet et laisser réduire de moitié.
8) Placer les morceaux de lotte dans la cocotte et laisser cuire pendant quatre à cinq minutes pour terminer la cuisson.
9) Débarrasser la lotte dans un plat de service, filtrer la sauce, porter à ébullition et ajouter la crème fleurette. Réduire jusqu'à obtention d'une sauce onctueuse.
10) Ajouter hors du feu les jaunes d'œufs battus en fouettant énergiquement. Assaisonner : sel, poivre.
11) Pour servir : dans un plat de service, dresser la lotte et napper de sauce.

Suggestion : Ce plat peut être accompagné de petits oignons glacés à brun et de champignons frais sautés, préalablement coupés en quartiers.

Recette

Morue Mijotée en Bohémienne aux Saveurs du Midi Façon Denise Fabre

Temps de préparation : 20 mn
Temps de cuisson : 30 mn

Ingrédients pour 4 personnes :

- 1 kg de morue salée
- 2 poivrons verts
- 2 poivrons rouges
- 2 poivrons jaunes
- 4 tomates bien mûres
- 6 gousses d'ail
- 2 brins de thym
- 1 brin de romarin
- 3 oignons
- 4 dl d'huile d'olive extra vierge 1ère pression
- 1 beau bouquet de basilic

1/ Remplir un récipient d'eau et y faire tremper la morue pendant vingt-quatre heures pour la déssaler. Renouveler l'eau.

2/ Egoutter le poisson et retirer les quelques arêtes, ainsi que la peau noire à l'aide d'une pince à épiler. Réserver au frais.

3/ Eplucher et émincer les oignons, couper les poivrons par la moitié. Epépiner les poivrons et les tailler en carrés de 2 cm.

4/ Plonger les tomates dans de l'eau bouillante pendant trente secondes, les peler, puis les couper en deux pour en retirer la pulpe.

5/ Dans une cocotte, faire revenir à l'huile d'olive, les oignons émincés, pendant cinq minutes, à feu doux. Ajouter les poivrons et faire suer de nouveau pendant six minutes.

6/ Incorporer les tomates pelées ainsi que trois gousses d'ail, le thym et le romarin. Assaisonner de sel et de poivre ; arroser le tout d'un filet d'huile d'olive et faire mijoter la bohémienne vingt-cinq minutes à feu doux et à couvert.

7/ Préparation du pistou : piler dans un mortier les trois autres gousses d'ail, ajouter les feuilles de basilic, ainsi que 2 dl d'huile d'olive afin d'obtenir le pistou.

8/ Ajouter les filets de morue à la bohémienne. Les faire cuire à couvert pendant six minutes. Au moment de servir, mettre dans un plat, arroser de pistou, mélanger légèrement et servir bien chaud.

Requin Californien

Temps de préparation : 20 mn
Temps de cuisson : 30 mn

Ingrédients pour 4 personnes :

- 4 beaux filets de requin californien
- 1 kg de brocolis
- 20 cl de crème fraîche
- 40 g d'amandes pilées
- huile d'olive
- sel, poivre, thym frais

1/ Faire cuire les têtes de brocolis à la vapeur pendant 20 mn.
2/ Les passer ensuite au mixeur pour en faire une purée.
3/ Ajouter la crème fraîche et les amandes.
Saler et poivrer.
4/ Enduire les filets de requin d'huile d'olive.
5/ Faire griller les filets à la plaque sur les deux faces avec le thym.
Saler et poivrer.
6/ Placer les filets dans chaque assiette et les accompagner de purée de brocolis mise en forme de quenelles.

Recette

Filets de Saint-Pierre aux Herbes et aux Artichauts

Temps de préparation : 40 mn
Temps de cuisson : 50 mn

Ingrédients pour 4 personnes :

- 2 saint-pierre de 700 g
  ou 4 filets de saint-pierre
- 1 branche de persil plat
- 1 branche de basilic
- 1 branche de coriandre
- 1 branche de thym frais
- 1 branche d'aneth
- 1 bouquet de ciboulette
- 2 jaunes d'œufs
- 8 fonds d'artichauts
- 2 citrons
- 2 dl d'huile d'olive
- sel et poivre du moulin.

1/ Ebarber et lever les filets de saint-pierre. En ôter la peau.
(Vous pouvez demander à votre poissonnier de les préparer).

2/ Equeuter toutes les herbes et les hâcher grossièrement. Les réserver.

3/ Tailler les fonds d'artichauts en tranches de 1 cm et les arroser d'un filet de citron pour qu'ils ne noircissent pas.

4/ Saler les filets de saint-pierre, les badigeonner de jaune d'œufs battus et les paner avec les herbes.

5/ Faire chauffer une casserole avec de l'huile d'olive et y placer les fonds d'artichauts tranchés. Laisser dorer. Assaisonner de sel et de poivre du moulin. Laisser cuire à couvert pour terminer la cuisson.

6/ Faire chauffer une poêle anti-adhésive avec de l'huile d'olive. Déposer les filets de saint-pierre du côté de l'arête et laisser cuire aux 2/3. Retourner les filets pour terminer la cuisson du côté de la peau.

7/ Déposer les filets sur un papier absorbant, dégraisser la poêle et la déglacer avec un demi-verre d'eau. Mettre ce liquide dans une casserole. Monter au fouet avec 1 dl d'huile d'olive et une noisette de beurre. Mixer le tout et ajouter le restant des herbes hachées.

8/ Dresser les artichauts sur des assiettes. Disposer au centre un filet de saint-pierre, placer quelques tranches d'artichauts et arroser le tout d'un cordon de sauce. Poser un petit bouquet d'herbes pour la décoration.

Recette

Poule au pot Belle Farceuse

Temps de préparation : 35 mn
Temps de cuisson : 2 h 30

Ingrédients pour 4 personnes :

- 1 poule de 1,6 kilo préparée
- 2 poireaux
- 3 oignons
- 1 chou
- 3 navets
- 1 céleri rave
- 3 jaunes d'œufs
- 40 cl de crème fraîche

- 5 cl de graisse d'oie
- 2 échalotes
- 1 bouquet garni
- sel, poivre, clou de griofle, gros sel.

Pour la farce :
- 250 g de champignons en boîte
- 200 g de chair à saucisse
- 2 gousses d'ail
- 3 foies de volaille
- 2 œufs
- 5 cl de crème fleurette
- sel, poivre

1) Préparation de la farce :
Faire une purée au mixer avec les champignons et les gousses d'ail préalablement blanchies deux fois à l'eau. Ajouter la crème fleurette et les foies de volaille et mixer à nouveau.

2) Dans une jatte, mélanger la chair à saucisse, les œufs et la préparation précédente. Assaisonner : sel, poivre.

3) Farcir la poule et la recoudre des deux côtés (cou et croupion).

4) Plonger ensuite la poule dans une marmite contenant cinq litres d'eau frémissante. Porter à ébullition et écumer.

5) Ajouter dans la marmite, le chou et le céleri rave coupé en quatre, les poireaux ficelés, les oignons coupés en deux et légèrement brulés, les navets entiers et le bouquet garni. Saler légèrement avec du gros sel.

6) Faire cuire comme un pot-au-feu à petite ébullition pendant deux heures à deux heures trente. Au cours de la cuisson, retirer les légumes suivant leur temps de cuisson.

7) Confectionner la sauce :
Faire suer dans une casserole à la graisse d'oie, l'échalote hachée jusqu'à légère coloration, ajouter 1 dl de bouillon de poule, réduire de moitié et verser la crème. Porter à ébullition et lier le tout hors du feu avec trois jaunes d'œufs.
Assaisonner : sel, poivre et filtrer la sauce.

8) Couper la poule en morceaux.

9) Pour servir :
Dresser sur un grand plat les morceaux de poule, la farce accompagnée des légumes, à l'exception des oignons.
Servir la sauce dans une saucière.

Remarque : garder le bouillon au réfrigérateur pendant douze heures pour pouvoir ensuite le dégraisser et l'utiliser pour une autre préparations (exemple : potage).

Recette

Magrets de Canard aux Citrons Confits

Temps de préparation : 12 heures à l'avance
Temps de cuisson : 20 minutes

Ingrédients pour 6 personnes :

- 6 magrets de canard
- 40 g de beurre

Pour la marinade :
- 1 bonne bouteille de vin rouge
- 4 cuillerées à soupe de sel fin
- 1 oignon

- 1 blanc de poireau
- 5 cl d'huile d'olive
- poivre mignonette
- 1 bouquet garni
- sel, poivre

Observation :
les préparations doivent être faites la veille.

Pour la garniture de citron confit :
- 3 citrons
- 4 cuillerées à soupe de sel fin
- 2 cuillerées à soupe de fructose
- poivre mignonette

---

1) La veille : Préparer la marinade.
Couper en paysanne les carottes, les oignons et les poireaux. Faire revenir le tout à l'huile d'olive, dans une casserole, à feu doux, pendant quelques minutes. Mouiller avec le vin rouge et ajouter le bouquet garni. Porter à ébullition et laisser cuire cinq à six minutes. Ajouter le poivre mignonette. Débarrasser et laisser refroidir la marinade.

2) Dégraisser légèrement la peau du magret du canard, placer les magrets dans un récipient et verser la marinade à température ambiante. Couvrir et mettre au réfrigérateur pendant au moins douze heures.

3) Couper en six dans le sens de la hauteur les citrons non traités. Les saupoudrer de deux cuillerées à soupe de sel fin et laisser dégorger pendant douze heures. Blanchir les citrons à l'eau, les égoutter, remettre ces quartiers dans une casserole avec le restant de sel, le fructose et le poivre mignonette. Porter à ébullition et laisser cuire une minute. Répéter cette opération trois fois.

Le lendemain :

4) Egoutter et sécher les magrets. Filtrer la marinade et faire réduire la moitié de celle-ci aux 3/4.
Assaisonner : sel, poivre, et garder la sauce au bain-marie.

5) Egoutter les quartiers de citrons, les faire rôtir dans l'huile d'olive avec une noisette de beurre sur toutes leurs faces en prenant soin de ne pas les brûler.

6) Dans une cocotte légèrement graissée, faire revenir les magrets à feu vif pendant cinq minutes côté peau et trois minutes sur l'autre face en réduisant le feu.

7) Retirer les magrets de canard, jeter le jus de cuisson, déglacer avec un filet d'eau, ajouter la pulpe de six quartiers de citrons confits, ajouter à nouveau la sauce, réduire légèrement et monter au beurre. Rectifier l'assaisonnement.

8) Dresser dans un plat de service les magrets, disposer autour les citrons confits et napper de sauce.
Ce plat peut être accompagné de champignons de Paris frais sautés au persil.

Recette

Canard Sauvage Rôti aux Topinambours Sauce Poivrade

Temps de préparation : 1 h
Temps de cuisson : 1 h 15

Ingrédients pour 4 personnes :

- 2 canards sauvages colverts
- 1 kg de topinambours bien calibrés
- 1 bouquet de ciboulette
- 5 cl d'huile d'arachide
- sel, poivre du moulin

Pour la sauce poivrade :
- 100 g de poitrine demi-sel
- 1 oignon
- 2 échalotes
- 1 branche de céleri
- quelques queues de persil
- thym, laurier

- 1 dl de vin blanc sec
- 2 bouillons cubes de volaille ou de bœuf
- 10 grains de poivre
- 5 cl d'huile d'arachide
- 1 dl de vinaigre de vin

Demander à votre volailler de préparer les canards sauvages en les vidant et en les bridant.

Confection de la sauce poivrade

1/ Couper la poitrine en dés. La faire blanchir : la mettre dans une casserole d'eau froide, porter à ébullition, retirer au premier bouillon et égoutter.

2/ Dans une casserole, faire revenir dans l'huile, jusqu'à coloration, l'oignon, les échalotes et la branche de céleri émincés, la poitrine blanchie, les queues de persil, le thym et le laurier.

3/ Ajouter le vinaigre et le vin blanc, porter à ébullition et laisser réduire de moitié.

4/ Ajouter les bouillons cubes, un demi-litre d'eau, et faire réduire de nouveau, à feu doux, pendant 30 mn.

5/ Ajouter le poivre en grains écrasés, laisser infuser 2 à 3 mn et passer la sauce au chinois.

6/ Réduire si besoin. Garder au bain-marie.

7/ Entre-temps, faire cuire les canards, arrosés d'un filet d'huile et assaisonnés de sel et de poivre, dans un four chaud à 220° C (th.7). Après 15 mn, les arroser avec la graisse de cuisson. Retirer les canards au bout de 30 mn et laisser reposer 10 mn environ avant de les découper.

8/ Éplucher et laver les topinambours, les tailler en quartiers.

9/ Faire chauffer de l'huile dans une casserole, ajouter les topinambours et laisser cuire 10 mn en remuant fréquemment. Assaisonner de sel et de poivre. Ajouter la ciboulette ciselée.

10/ Lever les filets de canard et les cuisses. Tailler les filets en aiguillettes.

11/ Dans une assiette, disposer les topinambours en cercle, puis les aiguillettes et les cuisses. Napper de sauce poivrade.

Recette

Fried Chicken à la Mayonnaise de Yaourt

Temps de préparation : 15 mn
Temps de cuisson : 25 mn

Ingrédients pour 4 personnes :

- 4 suprêmes de volaille
- 2 yaourts entiers
- 1 jaune d'œuf
- 3 cuil. à café de moutarde à l'estragon
- fines herbes
- piment de Cayenne, sel, poivre
- quelques feuilles de laitue
- huile

1/ Préparation de la mayonnaise de yaourt :
Mettre dans un bol le jaune d'œuf et la moutarde.
Mélanger avec un batteur en ajoutant progressivement le yaourt à la petite cuillère.
Saler, poivrer et ajouter les fines herbes ciselées.

2/ Pendant 6 mn, faire frire les suprêmes de volaille, dans un bain d'huile, après les avoir légèrement saupoudrés de piment de Cayenne.
Essuyer avec un papier absorbant et saler.

3/ Dans une assiette, dresser chaque suprême de volaille sur une feuille de salade, placer la mayonnaise de yaourt dans un petit ramequin.

Recette

Suprême de Volaille sur Lit d'Épinards

Temps de préparation : 30 mn
Temps de cuisson : 15 mn

Ingrédients pour 4 personnes :

- 4 blancs de poulet de 150 g
- 1,5 kg d'épinards frais
- 1 dl de graisse d'oie
- 2 citrons
- 2 gousses d'ail
- 5 cl d'huile d'olive
- sel, poivre

---

1) Equeuter et laver plusieurs fois les épinards à grande eau afin d'éliminer le sable. Les égoutter.

2) Assaisonner les blancs de poulet sur chaque côté de sel et de poivre.
Faire dorer à feu vif les blancs de poulet, dans une poêle, à la graisse d'oie.
Couvrir d'un papier d'aluminium et laisser cinq minutes sur chaque côté, à feu doux.

3) Faire sauter les épinards, dans une casserole, à l'huile d'olive. Assaisonner : sel et poivre, remuer à l'aide d'une fourchette piquée de gousses d'ail.

4) Dégraisser la poêle de blanc de poulet et déglacer avec le jus de citron.

5) Dresser les épinards au centre de l'assiette, disposer les blancs de poulet et arroser du jus de cuisson.

6) Décorer avec quelques quartiers de citron pelé à vif.

Recette

Filet de Dinde aux Oignons Confits et Coulis de Poivrons

Temps de préparation : 35 mn
Temps de cuisson : 1 h
Ingrédients pour 4 personnes :

- 800 g de blanc de dinde
- 800 g d'oignons blancs
- 3 gousses d'ail blanchies
- 1 ou 2 poivrons rouges (300 g)
- 1,5 dl d'huile d'olive
- 2 cuil. à soupe de purée de tomates
- herbes de Provence sèches
- 10 cl de bouillon de légumes instantané
- sel et poivre

1/ Eplucher les oignons (les faire tremper dans de l'eau tiède pour faciliter la tâche).
2/ Les disposer dans un plat en terre cuite, saler, poivrer et ajouter 5 cl d'huile d'olive. Couvrir hermétiquement avec une feuille de papier d'aluminium et enfourner à 180 °C (th.6) pendant trente minutes.
3/ Préparation du coulis :
Peler les poivrons après les avoir fait griller sur un feu vif ou à l'aide d'un chalumeau. Les épépiner et passer la chair au mixer avec 5 cl d'huile d'olive, les gousses d'ail blanchi et la purée de tomates. Ajouter le bouillon de légumes.
Saler, poivrer, et faire cuire à feu doux quelques minutes.
4/ Paner les filets de dinde avec des herbes de Provence après les avoir enduits d'huile d'olive. Assaisonner de sel et de poivre.
5/ Faire cuire les filets à couvert, dans une poêle, dans de l'huile d'olive et à feu doux.
6/ Retirer les filets après cuisson et faire revenir les oignons confits dans la poêle pour qu'ils s'imprègnent du jus de la viande.
7/ Servir les filets de dinde nappés de coulis de poivrons et disposer les petits oignons confits tout autour.

Je Cuisine MONTIGNAC

Recette

Chili Con Carne

Temps de préparation : 30 mn
Temps de cuisson : 1 h 40 mn

Ingrédients pour 6 personnes :

- 750 g de viande de bœuf hachée
- 2 grosses boîtes de haricots rouges extra (cuits)
- 2 gros oignons pelés et émincés
- 2 cuil. à soupe de poudre de chili doux
- 1 cuil. à soupe de poudre de cumin
- 1 cuil. à soupe de poudre d'origan
- 1 cuil. à soupe de poudre de cacao amer non sucré (Van Houten)
- 1/2 cuil. à soupe de cannelle
- 1 cuil. à café de poivre de Cayenne
- 8 gousses d'ail pelées et émincées
- 500 g de purée de tomates
- 25 cl de bouillon de bœuf (viandox)
- 1 verre d'huile d'olive
- sel

1/ Dans une poêle, faire revenir à feu doux les oignons dans trois cuillères à soupe d'huile d'olive (20 mn environ), en évitant qu'ils ne se colorent trop.

2/ Pendant ce temps, faire cuire la viande dans une cocotte contenant deux cuillères à soupe d'huile d'olive, en remuant (15 mn). Saler.

3/ Ajouter les oignons à la viande, puis la poudre de chili, le cumin, l'origan, le cacao, la cannelle, le poivre de Cayenne et l'ail émincé.
Bien mélanger le tout pendant 5 mn au moins tout en continuant à chauffer à feu doux.

4/ Ajouter la purée de tomates et le bouillon de bœuf. Saler.

5/ Faire cuire à feu très doux, pendant 1 h, à découvert. Rectifier l'assaisonnement si nécessaire.

6/ Ajouter les haricots rouges égouttés. Faire cuire encore à feu très doux pendant 30 mn.

Suggestion :
le chili se sert aussi accompagné de "toppings" (tomates fraîches coupées en cubes, crème fraîche, gruyère râpé, oignons émincés) et éventuellement de riz "intégral".

Recette

Boulettes Western à l'Oseille

Temps de préparation : 25 mn
Temps de cuisson : 15 mn

Ingrédients pour 4 personnes :

- 500 g de viande de bœuf hachée
- 150 g d'oseille fraîche
- 100 g de feta
- 2 œufs
- 1 bouquet de persil
- 1 oignon
- 4 gousses d'ail
- 3 cuil. à soupe de crème fraîche
- 6 cuil. à soupe d'huile d'olive
- 4 cuil. à soupe de graines de sésame
- sel de céleri, poivre

1/ Laver les feuilles d'oseille, les égoutter et les ciseler finement. Hacher le persil. Peler les gousses d'ail et les écraser. Peler l'oignon et le hacher finement.

2/ Bien mélanger la viande avec l'oseille, le persil, l'ail, l'oignon haché et la feta. Ajouter les graines de sésame et les œufs battus en omelette. Saler et poivrer.

3/ Façonner des boulettes de la taille d'une grosse noix.

4/ Mettre l'huile d'olive dans une poêle et la faire chauffer. Faire dorer les boulettes pendant 5 à 8 mn.

5/ Jeter la graisse et déglacer la poêle avec de la crème fraîche, puis assaisonner.

6/ Servir chaud avec du chou ou des pois gourmands frais sautés.

Je Cuisine MONTIGNAC

Recette

Bœuf en Daube

Temps de préparation : 30 mn
Temps de cuisson : 2 h 30

Ingrédients pour 6 personnes :

- 1,5 kg de bœuf dans le gîte
- 100 g de petits lardons
- 2 gros oignons
- 4 gousses d'ail
- 1 litre de bon vin blanc
- 250 g de champignons en boite
- 1 cuillerée à soupe d'herbes de Provence
- 1/2 dl de graisse d'oie
- 1 cuillerée à soupe de concentré de tomates
- 1 bouquet garni
- sel, poivre

---

1) Eplucher l'ail, les oignons et les émincer.
2) Dans une grande cocotte, faire fondre l'ail et l'oignon dans deux cuillerées à soupe de graisse d'oie. Ajouter les petits lardons et laisser revenir jusqu'à coloration.
3) Ajouter le bœuf coupé en morceaux de 80 g et laisser dorer pendant cinq minutes sur toutes les faces.
4) Saler, poivrer, ajouter les herbes de Provence et le concentré de tomates.
5) Mouiller avec le vin blanc et porter à totale ébullition, baisser le feu et laisser mijoter à couvert pendant deux heures.
6) Mixer les champignons égouttés jusqu'à obtention d'une fine purée.
7) Incorporer la purée de champignons à la préparation précédente et laisser encore mijoter à feu très doux pendant quinze minutes.
8) Rectifier l'assaisonnement et dresser dans un plat de service.
Cette daube peut être accompagnée de pâtes intégrales en phase II.

Remarque : ce plat peut être préparé à l'avance et réchauffé à feu très doux avant de servir.

Recette

Foie de Veau aux Aubergines

Temps de préparation : 30 mn
Temps de cuisson : 1 h

Ingrédients pour 4 personnes :

- 700 g de foie de veau
- 500 g d'oignons
- 4 aubergines
- 75 cl de crème fraîche
- 2 cl de cognac
- huile d'olive
- le zeste d'un citron
- herbes de Provence
- sel et poivre

1/ Couper les aubergines en gros dés et les faire revenir tout doucement dans une cocotte avec de l'huile d'olive. Les laisser à couvert à feu très doux, pendant quarante-cinq minutes au moins, en remuant de temps en temps. Saler, poivrer et parfumer avec les herbes de Provence. En fin de cuisson, égoutter et réserver.

2/ Eplucher les oignons et les couper en rondelles. Les faire revenir avec de l'huile d'olive dans une poêle en évitant de les faire colorer. Réserver au chaud dans la poêle.

3/ Découper le foie de veau en cubes. Le poêler dans l'huile d'olive, à feu vif, en saisissant bien toutes les faces. L'intérieur doit rester rosé.

4/ Utiliser la poêle dans laquelle ont été cuits les oignons, ajouter le zeste de citron, la crème fraîche et le cognac. Saler et poivrer. Porter à ébullition pour que les oignons se fondent bien dans la crème.

5/ Ajouter les morceaux de foie de veau en déglaçant bien le plat de cuisson avec quelques cuillerées de la préparation précédente.

6/ Servir le foie de veau accompagné des aubergines.

Suggestion : On pourra ajouter un filet d'huile d'olive froide sur ce plat au dernier moment.

Rognons à la Bordelaise

Temps de préparation : 40 mn
Temps de cuisson : 10 mn

Ingrédients pour 6 personnes :

- 1,5 kilo de rognons de bœuf (préparés en petits morceaux)
- 2 gros oignons
- 4 échalotes
- 1 bouquet de ciboulette
- 250 g de champignons de Paris en boîte
- 1/2 litre de bon bordeaux
- 2 cuillerées à café de concentré de tomates
- 1 dl de graisse d'oie
- 1 dl d'huile d'olive
- muscade, sel, poivre, canelle

1) Préparation de la sauce
Eplucher et hacher les oignons et les échalotes.

2) Faire suer dans une cocotte à l'huile d'olive, les oignons et les échalotes hachés, à feu doux, sans coloration et sans cesser de remuer.

3) Mouiller au vin rouge et faire réduire d'un quart à feu vif.

4) Passer les champignons au mixer en ajoutant un peu de sauce afin d'obtenir une fine purée.

5) Verser la purée de champignons dans la cocotte, ajouter le concentré de tomates. Assaisonner : sel, poivre, noix de muscade et canelle. Laisser cuire à feu doux en mélangeant régulièrement.
La sauce doit être homogène.

6) Dans une grande poêle, faire sauter les rognons à la graisse d'oie. Assaisonner, sel, poivre. Laisser cuire cinq minutes en remuant pour bien répartir la cuisson. Au dernier moment, jeter la ciboulette ciselée.

7) Verser les rognons dans la cocotte et mélanger avec la sauce. Laisser cuire encore quelques minutes.

8) Avant de servir, s'assurer de la cuisson des rognons. Dresser les rognons à la bordelaise dans un plat de service et ajouter le restant de ciboulette en décor.

Ce plat peut être accompagné de céleri confit à la lyonnaise.

Recette

Escalopines de Ris de Veau aux Petits Oignons

Temps de préparation : 40 mn
Temps de cuisson : 35 mn

Ingrédients pour 4 personnes :

- 700 g de ris de veau
- 300 g d'oignons grelot
- 300 g de petits champignons de Paris
- 1 échalote
- 1 bouillon cube de bœuf
- 1 bouquet de persil plat
- 15 cl d'huile d'olive
- 5 cl de vinaigre de vin
- 5 cl de porto
- sel et poivre du moulin

1/ Faire dégorger les ris de veau à l'eau courante pendant 30 mn.

2/ Dans de l'eau, portée à ébullition, faire blanchir les ris de veau pendant 6 mn. Les sortir délicatement avec une écumoire et les plonger dans un récipient d'eau froide. Les mettre dans une assiette et les recouvrir d'une autre assiette pour faire pression.

3/ Eplucher les petits oignons et les tailler en fines rondelles.

4/ Oter le bout terreux des champignons, les laver à grande eau plusieurs fois et les tailler en quatre.

5/ Dans une poêle huilée, faire sauter l'échalote et les oignons coupés en rondelle, les laisser colorer légèrement, ajouter les champignons de Paris, cuire le tout pendant 5 mn. Assaisonner de sel et de poivre du moulin.

6/ Egoutter la garniture, déglacer la poêle avec un demi-verre d'eau et le vinaigre. Récupérer le jus de cuisson dans une casserole et réserver.

7/ Tailler les ris de veau de façon à faire des escalopes. Assaisonner de sel et de poivre du moulin.

8/ Chauffer une poêle avec de l'huile d'olive. Faire sauter les escalopes de ris de veau jusqu'à ce qu'elles soient bien croustillantes sur chaque face.

9/ Oter les escalopes, dégraisser la poêle et déglacer avec un demi-verre d'eau et le porto. Ajouter ce jus au jus de cuisson des oignons, de l'échalote et des champignons.

10/ Faire réduire les jus, ajouter le bouillon cube et assaisonner de sel et de poivre du moulin.

11/ Faire chauffer les ris de veau et la garniture avec le persil haché.

12/ Dans chaque assiette, dresser un lit d'oignons et de champignons. Disposer les escalopes de ris de veau et les parsemer de quelques rondelles d'oignons. Napper légèrement de sauce.

Recette

Gratinée de Poireaux

Temps de préparation : 20 mn
Temps de cuisson : 30 mn

Ingrédients pour 4 personnes :

- 1 kg de blancs de poireaux
- 80 g de lard de poitrine fumée
- 200 g de jambon blanc (tranche épaisse de 0,5 cm au moins)
- 200 g d'emmental râpé
- 2 cuil. à soupe d'huile d'olive
- sel et poivre

1/ Couper la poitrine fumée en dés après avoir enlevé la couenne.
2/ Faire blanchir les lardons pendant cinq minutes en les plongeant dans une casserole d'eau bouillante. Egoutter soigneusement.
3/ Nettoyer les blancs de poireaux et les couper en tronçons d'environ 1,5 cm.
4/ Dans une cocotte, faire chauffer l'huile d'olive.
Mettre les lardons à revenir doucement pendant cinq minutes.
Ajouter les poireaux.
Poivrer et saler très légèrement.
5/ Faire cuire à couvert, à petit feu, pendant vingt minutes, en remuant régulièrement.
6/ Verser dans un plat à gratin sans mettre la graisse de cuisson.
7/ Recouvrir avec le jambon blanc coupé en dés, puis l'emmental râpé.
8/ Passer au four pour gratiner.

Recette

Bavarois aux Poires

Temps de préparation : 35 mn
Temps de réfrigération : 1 h

Ingrédients pour 4 personnes :

- 4 belles poires (3 pour la préparation, 1 pour le coulis)
- 300 g de fromage blanc en faisselle
- 3 œufs
- 3 feuilles de gélatine
- 1 citron
- 60 g de fructose
- 200 g de fraises
- quelques feuilles de menthe
- 6 fraises pour le décor

---

1) Peler et vider les trois poires, puis les couper en petits dés.
Les faire cuire dans une casserole à feu doux avec 5 cl d'eau et le jus d'un demi-citron. Laisser refroidir. Ajouter le fromage blanc égoutté et mélanger.

2) Dans un bol, au bain-marie, monter les jaunes avec 25 g de fructose et une cuillerée à soupe d'eau, à l'aide d'un fouet.

3) Mettre les feuilles de gélatine à tremper dans l'eau froide.

4) Ajouter la gélatine, préalablement essorée et ramollie, dans les jaunes et verser le tout dans les poires et le fromage blanc.

5) Monter les blancs en neige et sucrer avec 25 g de fructose. Incorporer ceux-ci à l'appareil précédent.

6) Verser la bavaroise dans des cercles individuels ou des ramequins et incorporer une fraise coupée en quatre dans chaque cercle. Laisser prendre au réfrigérateur.

7) Préparer le coulis :
Eplucher et vider la dernière poire. La mixer avec les fraises et le fructose.

8) Pour servir : dresser les bavarois au centre de l'assiette, ôter le cercle. Disposer une fraise coupée en deux dans le sens de la hauteur et quelques feuilles de menthe. Verser le coulis autour du bavarois.

Je Cuisine MONTIGNAC

Recette

Poires Belle-Hélène en Bavaroise

Temps de préparation : 25 mn
Temps de cuisson : 15 mn

Ingrédients pour 6 personnes :

- 8 belles poires (dont 2 pour le coulis)
- 1/4 l de lait
- 3 jaunes d'œufs
- 50 g de fructose
- 4 dl de crème fleurette
- 3 feuilles de gélatine
- 1/2 citron

Pour le coulis au chocolat :
- 400 g de chocolat
- 2 dl de lait
- 50 g d'amandes effilées grillées

1/ Peler et vider les poires. Les couper en rondelles d'un centimètre d'épaisseur. Conserver les queues des poires avec la chair. Faire cuire les rondelles dans une casserole avec 1 dl d'eau, le jus d'un demi-citron et 20 g de fructose.

2/ Après cuisson, réserver 18 rondelles et 6 queues de poires.

3/ Faire bouillir le lait. Battre les œufs et le reste du fructose jusqu'à ce que le mélange blanchisse et verser cette préparation dans le lait. Laisser cuire à petit feu afin d'obtenir une crème onctueuse.

4/ Ajouter la gélatine essorée, préalablement trempée dans l'eau.

5/ Ajouter le restant des poires réduit en purée à l'aide d'un mixeur et laisser refroidir.

6/ Monter la crème fleurette au batteur.

7/ Incorporer la bavaroise dans la crème à l'aide d'une écumoire.

8/ Mouler dans des cercles de 8 cm de diamètre, en alternant une rondelle de poire, une couche de bavaroise et ainsi de suite, en terminant par une queue de poire. Réserver le tout au réfrigérateur pendant 1 h 30.

9/ Faire fondre le chocolat au bain-marie, ajouter le lait et mélanger à l'aide d'un fouet.

10/ Dresser les bavaroises dans les assiettes, ôter les cercles, les napper de chocolat chaud et les parsemer d'amandes effilées et grillées. Servir sans attendre.

Cheese Cake à la Noix de Coco et au Coulis de Chocolat

Temps de préparation : 30 mn

Ingrédients pour 4 personnes :

- 250 g de fromage blanc en faisselle
- 5 œufs
- 60 g de fructose
- 3 feuilles de gélatine
- 150 g de poudre de noix de coco
- 150 g de chocolat noir amer à 70 % de cacao
- 4 cl de rhum
- 1 cuil. à café de Nescafé
- 30 cl de crème liquide

1/ Placer un linge dans une écumoire et bien faire égoutter le fromage pendant au moins 30 mn.

2/ Battre les jaunes d'œufs et le fructose au fouet jusqu'à ce qu'ils blanchissent et épaississent.

3/ Faire ramollir les feuilles de gélatine dans de l'eau froide.
Chauffer 2 cl de rhum et y plonger les feuilles de gélatine préalablement essorées.

4/ Mélanger la préparation précédente avec le fromage blanc et la poudre de noix de coco, puis incorporer la crème liquide montée.

5/ Ajouter les jaunes montés avec une cuillère à soupe d'eau.

6/ Incorporer les blancs montés en neige.

7/ Verser dans des cercles individuels ou des ramequins et laisser prendre au réfrigérateur pendant au moins 4 h.

8/ Confectionner le coulis de chocolat :
Avant de servir, faire fondre le chocolat au bain-marie avec trois cuillères à soupe d'eau.
Ajouter le reste du rhum et le Nescafé. Bien remuer jusqu'à l'obtention d'un liquide onctueux.

9/ Pour servir, démouler sur des assiettes et napper avec le coulis de chocolat.

Recette

Crème Catalane

Temps de préparation : 20 mn
Temps de cuisson : 30 mn

Ingrédients pour 4 personnes :

- 4 oranges (jus et zestes)
- 3 œufs
- 6 jaunes d'œufs
- 50 g de fructose
- 1 dl de crème fleurette
- 40 g de beurre
- 100 g de poudre d'amandes
- 40 g de fructose pour la décoration

1/ Presser les oranges. Préparer des zestes.
Dans une casserole, faire réduire de moitié le jus d'orange avec les zestes.
Ajouter le beurre.

2/ Mélanger les œufs, les jaunes et le fructose au fouet jusqu'à ce que la préparation blanchisse.
Ajouter la crème fleurette, le jus d'orange réduit et la poudre d'amandes.

3/ Verser cette préparation dans des cassolettes à gratin ou des ramequins
et faire cuire au four à 120° C (th. 3) pendant 30 mn.

4/ Laisser refroidir, saupoudrer de fructose et passer sous le gril du four pour faire caraméliser le dessus.

Recette

Œufs au Lait Façon Montignac

Temps de préparation : 15 mn
Temps de cuisson : 45 mn
Temps de réfrigération : 4 h

Ingrédients pour 6 personnes :

- 200 g de crème fleurette
- 1/2 l de lait entier
- 5 œufs entiers
- 3 jaunes d'œufs
- 60 g de fructose
- 7 cl de rhum
- 1 gousse de vanille
  Pour le caramel :
- 60 g de fructose
- 4 cuil. à soupe d'eau

1/ Dans un saladier, battre au fouet les œufs, les jaunes et le fructose, jusqu'à ce que le mélange blanchisse.

2/ Faire un caramel avec le fructose (il doit être roux), dans un moule à crème renversée ou dans des ramequins individuels.

3/ Verser dans une casserole le lait, la crème fleurette, le rhum et la gousse de vanille ouverte. Porter à ébullition sans cesser de fouetter.

4/ Verser lentement le liquide bouillant sur les œufs blanchis en fouettant énergiquement. Puis, verser le tout dans un moule en prenant soin de retirer la gousse de vanille.

5/ Faire cuire au bain-marie dans le four préalablement chauffé, (170 °C - th.5) pendant environ quarante-cinq minutes.

6/ Laisser refroidir et servir frais après un séjour de quatre heures, au moins, au réfrigérateur.

Recette

Crème Chaude au Chocolat et Glace à la Vanille

Temps de préparation : 30 mn
Temps de cuisson : 10 mn

Ingrédients pour 4 personnes :

- 150 g de chocolat extra bitter à 70% de cacao
- 70 g de beurre
- 3 œufs
- 60 g de fructose

Pour la glace vanille :
- 1/2 l de lait
- 5 jaunes d'œufs
- 75 g de fructose
- 2 gousses de vanille

Confection de la crème glacée à la vanille

1/ Faire bouillir le lait dans une casserole avec les gousses de vanille fendues dans le sens de la longueur.

2/ Mélanger les jaunes d'œufs et le fructose au fouet jusqu'à ce qu'ils blanchissent.

3/ Oter les gousses de vanille, puis verser le lait bouillant sur les jaunes et le fructose, tout en remuant. Bien mélanger. Remettre sur le feu et faire épaissir tout en continuant de mélanger jusqu'à l'obtention d'une crème onctueuse. Faire refroidir en mettant la casserole dans un récipient d'eau glacée.

4/ Verser cette crème anglaise dans la sorbetière.

Confection de la crème au chocolat

5/ Faire fondre le chocolat au bain-marie. Ajouter le beurre en pommade.
Dans un autre bain-marie, disposer un récipient, y mélanger les œufs et le fructose en battant au fouet, afin d'obtenir un mélange très mousseux et onctueux.

6/ Incorporer délicatement le chocolat et le beurre dans ce mélange et remuer doucement à l'aide d'une spatule pour ne pas faire retomber la préparation.

7/ Mouler dans des ramequins graissés au beurre et mettre à cuire au four à 220° C (th. 7) pendant 10 mn. Le centre de la crème au chocolat doit être crémeux.

8/ Démouler chaque ramequin dans une assiette, placer une boule de glace à la vanille au centre et servir sans attendre.

Recette

Millefeuilles au Chocolat et à la Crème de Citron

Temps de préparation : 45 mn

Ingrédients pour 4 personnes :

Pour la crème de citron :
- 3 jaunes d'œufs
- 1 dl de crème liquide
- 30 g de fructose
- 3 feuilles de gélatine
- 50 g de jus de citron
  + le zeste râpé

Pour le coulis de framboises :
- 100 g de framboises
- 30 g de fructose
  jus d'un demi-citron

Pour le feuilleté au chocolat :
- 3 blancs d'œufs
- 50 g de fructose
- 300 g de chocolat
  (70 % de cacao)

Confectionner la crème de citron :

1/ Mélanger le fructose et les jaunes d'œufs, au fouet, jusqu'à ce que le mélange blanchisse.

2/ Faire tiédir la crème liquide et l'ajouter au mélange précédent. Remettre le tout dans une casserole et laisser épaissir, comme pour une crème anglaise, en remuant continuellement avec un fouet.

3/ Ajouter les feuilles de gélatine préalablement ramollies dans de l'eau froide et essorées.

4/ Laisser refroidir.

5/ Ajouter le jus de citron et le zeste râpé à la crème refroidie.

6/ Monter les blancs en neige et les sucrer avec le fructose.

7/ Mélanger très délicatement les blancs en neige à la crème refroidie, pour éviter que les blancs ne retombent.

Confectionner le feuilleté au chocolat :

1/ Faire fondre le chocolat au bain-marie.

2/ Sur une feuille de papier film, étaler une fine couche de chocolat à l'aide d'une palette (utiliser plusieurs feuilles) et laisser prendre au réfrigérateur.

3/ Sortir le chocolat du réfrigérateur et découper seize cercles de 6 cm de diamètre. Conserver au frais.

Confectionner les millefeuilles :

Poser un disque de chocolat, étaler la crème de citron et renouveler l'opération deux fois, puis terminer par un disque de chocolat. Réserver au frais pendant 1 h.

Confectionner le coulis de framboises :

Passer au mixeur 100 g de framboises, y ajouter 30 g de fructose et le jus d'un demi-citron, mélanger le tout.

Dresser les millefeuilles dans une assiette et ajouter un cordon de coulis de framboises.

Recette

Délice de Pêches au Coulis de Fruits Rouges

Temps de préparation : 25 mn
Temps de cuisson : 4 h

Ingrédients pour 4 personnes :

- 4 belles pêches jaunes pelées et dénoyautées
- 100 g de fructose
- 4 jaunes d'œufs
- 1 cuillère à soupe de rhum
- 3 feuilles de gélatine
- 20 cl de crème liquide
- 4 feuilles de menthe
- 1 jus de citron
- 1 pêche pour la garniture

Pour le coulis :
- 100 g de fraises
- 100 g de framboises
- 40 g de fructose

1/ Dans un mixer, préparer une purée avec les quatre pêches, le fructose et le jus de citron.

2/ Sortir un assez grand nombre de glaçons du freezer et les disposer dans un récipient.

3/ Placer un saladier au milieu pour y battre, au fouet, les jaunes d'œufs et la purée de pêches, afin d'obtenir une crème ferme.

4/ Faire chauffer légèrement le rhum et y plonger les feuilles de gélatine préalablement ramollies dans de l'eau froide et essorées. Ajouter le tout à la préparation précédente.

Continuer à fouetter sur la glace jusqu'à complet refroidissement.

5/ Monter la crème liquide en Chantilly et l'incorporer délicatement au mélange.

6/ Disposer dans des coupes et laisser prendre au moins quatre heures au réfrigérateur.

7/ Préparer le coulis :

Mixer les fraises, les framboises et le fructose de façon à obtenir une sauce assez consistante.

8/ Servir en décorant avec de fines lamelles de pêche, une rosette de crème fouettée et une feuille de menthe.

Prèsenter le coulis dans une saucière.

Recette

Jello de Fruits Rouges à la Californienne

Temps de préparation : 30 mn

Ingrédients pour 4 personnes :

- 400 g de fruits rouges (fraises, framboises, groseilles, cassis), éventuellement surgelés
- 2 pêches
- 6 feuilles de gélatine
- une demi-gousse de vanille ou une cuillère à café d'extrait de vanille
- 25 cl de crème liquide
- 30 cl de vin blanc moelleux (Symphony)
- 3 jaunes d'œufs
- 60 g de fructose

1/ Mettre les feuilles de gélatine à tremper dans un peu d'eau.
2/ Fendre la gousse de vanille sur toute sa longueur. En retirer les graines avec la pointe d'un couteau.
3/ Faire chauffer la crème liquide avec les graines de vanille et la gousse. A ébullition, retirer du feu et laisser infuser.
4/ Peler les pêches, les dénoyauter, puis les couper en morceaux.
5/ Faire chauffer le vin et y incorporer les feuilles de gélatine essorées.
6/ Disposer les morceaux de fruits dans un compotier ou dans des petits bols individuels à fond concave.
7/ Arroser du mélange vin-gélatine et laisser prendre au réfrigérateur pendant 4 h au moins.
8/ Retirer la gousse de vanille de la crème et la porter à ébullition. La réserver.
9/ Battre les jaunes d'œufs dans un bol avec 20 g de fructose, jusqu'à l'obtention d'une crème mousseuse.
10/ Incorporer progressivement la crème chaude, puis laisser épaissir sur feu doux, tout en continuant à fouetter.
11/ Au moment de servir, démouler le compotier (ou les bols individuels) sur un plat et servir avec la crème vanillée à part.

Recette

Soufflé Glacé à la Marie Brizard

Temps de préparation : 30 mn
Temps de cuisson : 10 mn
Temps de réfrigération : 2 h

Ingrédients pour 4 personnes :

- 3 blancs d'œufs
- 60 g de fructose
- 250 g de crème fleurette
- 1 dl de Marie Brizard
- quelques copeaux de chocolat

Pour la crème anglaise badiane (à l'anis) :
- 3/4 de lait
- 3 têtes de badiane (anis étoilé ou une dose de concentré d'anis)
- 3 jaunes d'œufs
- 30 g de fructose

Confection de la crème anglaise

1/ Faire bouillir le lait et l'anis. Laisser infuser pendant 10 mn.

2/ Mélanger les jaunes et le fructose au fouet jusqu'à ce qu'ils blanchissent.

3/ Verser le lait infusé sur cette préparation. Bien mélanger. Mettre à feu très doux et faire épaissir jusqu'à l'obtention d'une crème onctueuse. Laisser refroidir dans un récipient d'eau glacée.

Confection du soufflé

4/ Monter les blancs en neige au batteur en ajoutant le fructose.

5/ Monter la crème fleurette au batteur. Incorporer délicatement les blancs en neige sucrés à l'aide d'une spatule, ajouter la Marie Brizard.

6/ Mouler dans des ramequins.

7/ Mettre au congélateur et laisser prendre pendant 2 h.

8/ Au moment de servir, démouler le soufflé au centre de l'assiette après avoir trempé les ramequins pendant quelques secondes dans un peu d'eau tiède. Verser la crème à l'anis autour et décorer de copeaux de chocolat. Servir sans attendre.

Recette

Soufflé glacé au Cointreau

Temps de préparation : 30 mn

Ingrédients pour 6 personnes :

- 8 jaunes d'œufs
- 4 blancs d'œufs
- 140 g de fructose
- 2 cuil. à soupe de café instantané
- 5 cuil. à café de cointreau
- 45 cl de crème fleurette
- cacao en poudre Van Houten

1/ Battre les jaunes d'œufs au fouet avec 60 g de fructose jusqu'à ce qu'ils blanchissent et deviennent bien mousseux.

2/ Faire chauffer le tout au bain-marie, sans cesser de remuer pour obtenir une crème bien lisse.

3/ Préparer l'équivalent d'une tasse à thé de café instantané.

4/ Hors du feu, incorporer à la préparation précédente le café et le cointreau. Laisser reposer au réfrigérateur pendant une demi-heure.

5/ Battre les blancs d'œufs en neige (bien ferme) avec 60 g de fructose.

6/ Monter la crème liquide en Chantilly avec les 20 g de fructose restants.

7/ Incorporer délicatement les blancs d'œufs montés en neige et la crème fouettée à la préparation refroidie.

8/ Entourer le moule à soufflés ou les moules individuels avec du papier d'aluminium, de manière à ce qu'il dépasse de 5 cm sur le dessus.

9/ Remplir avec la préparation et laisser prendre au congélateur pendant au moins quatre heures.

10/ Au moment de servir, dégager le papier d'aluminium et saupoudrer de cacao.

Suggestion :
On peut parfaire la présentation en décorant avec un liseré de crème fouettée et quelques feuilles de menthe fraîche.

Je Cuisine MONTIGNAC

Recette

Tarte aux Fraises

Temps de préparation : 30 mn
Temps de cuisson : 20 mn

Ingrédients pour 4 personnes :

- 500 g de fraises
- 125 g de marmelade de fraises sans sucre
- 10 cl d'eau
- 1/4 l de crème fleurette montée en Chantilly
- 25 g de fructose
- 50 g de pistaches décortiquées

Pour le fond de succès :
- 80 g de poudre de noisette
- 80 g de poudre d'amande
- 100 g de fructose
- 3 blancs d'œufs
- 25 g de fructose

---

1) Fabriquer le fond de succès :
Monter les blancs en neige, les sucrer avec 25 g de fructose et incorporer avec une spatule en bois, la poudre de noisette, la poudre d'amande et le reste du fructose. Rendre cet appareil bien homogène.

2) Étaler la pâte en spirales, sur un papier sulfurisé, à l'aide d'une poche, avec une douille ronde à pâtisserie moyenne, sur un diamètre de 20 cm.

3) Cuire le fond de succès à four doux (th.6-180 °C) pendant vingt minutes.

4) Entre temps laver et équeuter les fraises.

5) Monter la crème fleurette en Chantilly et incorporer 25 g de fructose (vanille facultative). La réserver.

6) Retirer le fond de succès du papier sulfurisé, le retourner et étaler la marmelade de fraises sur toute la surface.

7) Disposer harmonieusement les fraises coupées en deux dans le sens de la hauteur et lustrer avec le restant de marmelade.

8) Décorer cette tarte de Chantilly à l'aide d'une poche avec une douille à pâtisserie cannelée.

9) Hacher finement les pistaches et les parsemer sur la tarte.

Recette

Tarte aux Pommes et Noisettes

Temps de préparation : 30 mn
Temps de cuisson : 15 mn

Ingrédients pour 4 personnes :

- 4 pommes
- 1 citron
- 20 cl d'eau
- 25 g de fructose
- 100 g de marmelade d'abricots sans sucre.
- 20 g de beurre

Pour le fond de succès :
- 80 g de poudre de noisette
- 80 g de poudre d'amande
- 100 g de fructose
- 3 blancs d'œufs
- 25 g de fructose

---

1) Fabriquer le fond de succès :
Monter les blancs en neige, les sucrer avec 25 g de fructose et incorporer avec une spatule en bois la poudre de noisette, la poudre d'amande et le reste du fructose mélangé.
Rendre cet appareil bien homogène.

2) Mettre la préparation dans un cercle à tarte de 20 cm de diamètre sur une feuille de papier sulfurisée.

3) Cuire le fond de succès au four (180 °C) pendant vingt minutes.

4) Entre temps, peler les pommes et confectionner avec deux pommes coupées en dés une compote avec le jus d'un demi-citron et 10 cl d'eau. Réduire en purée à la fourchette.

5) Retirer le fond de succès du four et laisser refroidir quelques instants.

6) Couper en deux, deux pommes et les tailler en fines lamelles demi-lune en prenant soin d'enlever les pépins.

7) Décoller le fond de succès du papier sulfurisé, le retourner et étaler sur le fond la compote de pommes. Disposer en rosace les lamelles de pommes demi-lune et saupoudrer de fructose. Mettre trois noisettes de beurre et recuire au four à 210 °C (th. 7) pendant quinze minutes.

8) Retirer du four et laisser refroidir.

9) Chauffer la marmelade d'abricots avec 10 cl d'eau et lustrer la tarte.

Je Cuisine MONTIGNAC

Recette

Terrine de Pommes à l'Ancienne

Temps de préparation : 50 mn
Temps de cuisson : 40 mn

Ingrédients pour 8 personnes :

- 2 kg de pommes
- 150 g de fructose
- 125 g de beurre
- 40 cl de crème fraîche
- 1 jus de citron
- 5 cl de rhum
- 5 œufs entiers
- 6 jaunes d'œufs
- 1 orange rapée

---

1) Peler et partager les pommes en quatre, ôter les pépins et couper en petits dés.

2) Faire cuire les pommes en compote à feu doux avec le jus de citron, le rhum et l'écorce d'orange rapée, pendant vingt minutes.

3) Faire dessécher cette compote dans un four à température moyenne 140 °C (th.4), pendant vingt minutes, en l'étalant dans un plat de cuisson.

4) Dans un récipient, mélanger en écrasant les pommes à la fourchette, ajouter 100 g de beurre, la crème fraîche, les œufs et les jaunes battus en omelette, afin d'obtenir une consistance homogène.

5) Beurrer un plat à gratin, verser la préparation et faire cuire au bain-marie dans le four préalablement chauffé à 160 °C (th.5), pendant quarante minutes.

Ce plat peut être servi chaud, tiède ou froid selon votre goût.

Suggestion :
Servir dans un plat décoré de lamelles de pommes sautées dans une poêle antiadhésive avec un peu de beurre.

Recette

Mignardises au Chocolat

Temps de préparation : 1 h 30
Temps de cuisson : 10 mn

Ingrédients pour 10 personnes :

Pour la ganache au chocolat :
- 200 g de cacao extra bitter à 70% de cacao
- 2,5 cl de crème fleurette
- 5 cl de vanille liquide

Pour le trempage :
- 500 g de chocolat

Pour la caraque :
- 300 g de cacao en poudre amer à 70% de cacao

1/ Briser le chocolat extra bitter à 70% de cacao en petits morceaux.
2/ Faire bouillir la crème fleurette, ajouter les petits morceaux de chocolat. Mélanger et faire tiédir si besoin jusqu'à ce que la crème soit homogène.
3/ Verser la vanille liquide, mélanger et laisser refroidir.
4/ Entre-temps, faire fondre au bain-marie le chocolat pour le trempage.
5/ Quand la crème ganache commence à durcir, la remuer énergiquement à l'aide d'une spatule en bois afin de l'alléger. Elle doit blanchir légèrement.
6/ Préparer une poche à pâtisserie et une douille ronde de belle grosseur.
7/ Garnir la poche de ganache et confectionner des boules de 1,5 cm de diamètre sur une feuille de papier sulfurisé et les mettre au réfrigérateur.
8/ Préparer le chocolat pour le trempage en le faisant chauffer à 30° C et placer le cacao en poudre destiné à la caraque dans un récipient assez large.
9/ Sortir les boules de ganache du réfrigérateur, les tremper dans le chocolat fondu, bien les égoutter, les jeter dans le cacao en poudre, puis les rouler à la fourchette.
10/ Il est recommandé de faire cette opération en plusieurs fois, étant donné la quantité de truffes.
11/ Réserver les truffes dans une boîte hermétique, au réfrigérateur, et les sortir une demi-heure avant leur consommation.

Glossaire

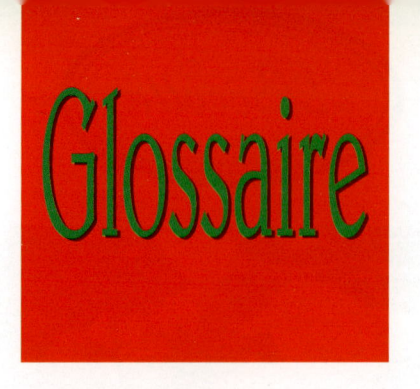

Appareil : composition d'ingrédients mélangés.

Bain-Marie : mode de cuisson. Mettre au four ou sur le feu un récipient à demi rempli d'eau bouillante, au sein duquel on plonge le récipient dans lequel cuisent ainsi les ingrédients.

Blanchir : pour les légumes, les tremper quelques minutes dans de l'eau bouillante, puis les égoutter. Pour les jaunes d'œuf : généralement utilisés en pâtisserie, battre vigoureusement les jaunes et le sucre avec un fouet jusqu'à ce que la préparation s'éclaircisse.

Blondir : faire revenir légèrement.

Bouquet garni : bouquet formé de persil, de thym et de laurier.

Braiser : cuire longuement une viande ou un légume avec sa sauce d'accompagnement.

Chinois : passoire fine en forme de cône.

Ciseler : couper finement les herbes.

Concasser : réduire un aliment en fragments.

Déglacer : verser un liquide dans un récipient de cuisson, faire chauffer, puis gratter à la spatule en bois pour dissoudre les sucs caramélisés au fond.

Dégorger : plonger certaines viandes ou certains poissons dans de l'eau froide, pendant un moment pour faire évacuer le sang qu'ils contiennent et rendre plus blancs ces viandes ou ces poissons ; pour certains légumes, c'est éliminer leur eau de végétation en les saupoudrant de gros sel dans une passoire et en laissant reposer quelques heures.

Dégraisser : éliminer la graisse qui est à la surface d'un jus ou d'un bouillon à l'aide d'une écumoire. Il est toujours préférable de le faire quand le liquide est froid voire glacé.

Dessaler : faire tremper dans un liquide, comme du lait, pour diminuer le goût de sel.

Ebarber : couper à l'aide des ciseaux les nageoires et les barbes d'un poisson ou des crustacés.

Ecumer : éliminer à l'aide d'une écumoire (palette ronde, plate, percée de trous), ou à défaut d'une louche ou d'une cuillère, l'écume qui se forme à la cuisson à la surface d'une préparation.

Etuver : faire cuire un aliment à couvert et à feu doux sans l'adjonction d'aucun liquide, mais éventuellement avec un corps gras.

Flamber : passer une volaille ou un gibier à plume au-dessus d'une flamme pour éliminer le duvet ou les embryons de plumes qui subsistent. C'est aussi faire brûler de l'alcool chaud sur un aliment pour le parfumer.

Frémissement : maintenir un liquide à une ébullition presque imperceptible.

Fumet : sorte de court-bouillon utilisé pour la mise au point de nombreuses recettes de poissons et viandes et de leurs sauces d'accompagnement. Existe en poudre déhysdratée ou bien en bouillon cube.

Glacer : passer rapidement à four très chaud un plat arrosé de sauce afin de former sur la surface une mince pellicule blonde ; recouvrir la surface de certaines pâtisseries de fondant parfumé ou coloré ou au chocolat ; faire cuire un aliment (oignons, navets) avec du fructose, de l'eau et du beurre jusqu'à réduction complète du liquide et début de caramélisation.

Julienne : légumes, fruits, jambon, etc coupés en filaments ou en bâtonnets.

Macérer (faire) : laisser tremper pendant un temps déterminé un aliment dans un liquide aromatisé ou une marinade afin de le parfumer.

Mouiller : ajouter du liquide (eau, lait, vin) à une préparation.

Napper : recouvrir un mets d'une sauce d'accompagnement.

Parer : supprimer les éléments inutiles à la cuisson d'un légume : telles que les feuilles et les racines.

Pocher : faire cuire un aliment dans un liquide frémissant, puis l'égoutter.

Pommade (en) : enduire de matière grasse un aliment sur toute sa surface.

Réduire : faire diminuer en partie (1/2 ou 1/4) une sauce, à la chaleur par évaporation.

Réserver : mettre de côté provisoirement des ingrédients ou préparation en attendant de les reprendre plus tard, au cours de la réalisation de la recette.

Rissoler - revenir : faire colorer une viande sur toutes ses faces avant de la mouiller ou de la couvrir pour achever sa cuisson.

Suer (faire) : faire exsuder à la chaleur, à l'aide d'un corps gras, l'eau de végétation contenue dans les légumes.

Je Cuisine MONTIGNAC

Table des matières

5 Avant-propos

6 Idées menus

8 Trucs et conseils

Amuse-bouche

10 - Champignons farcis aux cèpes
10 - Brochettes de pétoncles
10 - Foie gras au magret fumé
10 - Courgettes aux crevettes roses
11 - Radis fourrés au fromage blanc
11 - Aumônière de saumon fumé au crabe
11 - Tomates cerises au thon
11 - Carpaccio de bœuf au fenouil

Soupes

12 - Soupe de poisson
13 - Crème de radis glacée aux œufs de saumon

Entrées

Entrées froides
14 - Guacamole
15 - Pannequet de saumon fumé au crabe
15 - Terrine d'aubergine au fromage de chèvre et au coulis de persil
16 - Mozzarella aux brocolis et aux pointes d'asperges
17 - Terrine de foie gras d'oie au naturel

Salades
19 - Salade de chou à la truite fumée
20 - Salade blue cheese
21 - Salade d'épinards et de champignons à la vinaigrette d'orange
22 - Salade gourmande au foie gras de canard et aux œufs de caille
23 - Ceasar salad
24 - Salade de légumineuses à l'huile de noix

Entrées chaudes
25 - Timbale de comté au paprika d'oignons
26 - Flan de roquefort à l'aneth
27 - Soufflé au foie gras
28 - Gratin d'huîtres chaudes aux lentilles

Œufs
29 - Œufs brouillés mexicains
30 - Champignons persillade aux œufs brouillés

Crustacés
31 - Calmars à l'américaine
32 - Noix de coquilles Saint-Jacques et céleri confit aux truffes
33 - Farandole de fruits de mer au chardonnay

Poissons
34 - Morue en brandade
35 - Truite rose aux galettes d'oignons
36 - Pavé de lotte aux poireaux
37 - Lotte rôtie à la moutarde et pois gourmands
38 - Civet de lotte au bordeaux
39 - Morue mijotée en bohémienne aux saveurs du Midi façon Denise Fabre
40 - Requin californien
41 - Filets de saint-pierre aux herbes et aux artichauts

73

Viandes

Volailles
42 - Poule au pot belle farceuse
43 - Magret de canard aux citrons confits
44 - Canard sauvage rôti aux topinambours sauce poivrade
45 - Fried chicken à la mayonnaise de yaourt
46 - Suprême de volaille sur lit d'épinards
47 - Filet de dinde aux oignons confits et coulis de poivrons

Viandes rouges
48 - Chili con carne
49 - Boulettes western à l'oseille
50 - Bœuf en daube

Abats
51 - Foie de veau aux aubergines
52 - Rognons à la bordelaise
53 - Escalopines de ris de veau aux petits oignons

Porc
54 - Gratinée de poireaux au jambon

Desserts

55 - Bavarois aux poires
56 - Poire Belle-Hélène en bavaroise
57 - Cheese cake à la noix de coco et au coulis de chocolat
58 - Crème catalane
59 - Œufs au lait façon Montignac
60 - Crème chaude au chocolat et glace à la vanille
61 - Millefeuilles au chocolat et à la crème de citron
62 - Délice de pêche au coulis de fruits rouges
63 - Jello de fruits rouges à la californienne
64 - Soufflé glacé à la Marie Brizard
65 - Soufflé glacé au cointreau
66 - Tarte aux fraises
67 - Tarte aux pommes et noisettes
68 - Terrine de pommes à l'ancienne
69 - Mignardises au chocolat

70/71 Glossaire

72/73/74 Table des matières